Mosaik

Ilse Höger-Orthner

KIWI
aus dem eigenen Garten

Anpflanzen · Pflegen
Ernten

Mosaik Verlag

Einbandgestaltung: Mascha Blömer
Titelfoto: Eidgenössische Forschungsanstalt, Wädenswil
Zeichnungen: Ado Höger nach Vorlagen der Autorin
Siehe auch Bildnachweis S. 79

Redaktion: Gerhard Kebbel

Frontispiz: Die Früchte von drei verschiedenen
grünen Kiwi-Sorten *(Actinidia arguta)*
wurden auf einem Zweig zusammengebunden.
Von oben nach unten: 'Clamony', 'Jumbo',
'Beauty Red' (Leno/Italien).

Der Mosaik Verlag ist ein Unternehmen
der Verlagsgruppe Bertelsmann

© 1989 Mosaik Verlag GmbH, München / 5 4 3 2 1
Satz: Filmsatz Schröter GmbH, München
Druck und Bindung:
Mohndruck Graphische Betriebe GmbH, Gütersloh
Printed in Germany · ISBN 3-570-06224-4

Inhalt

Vorwort

Exotische Früchte zu ziehen war wohl für den Gartenbesitzer immer schon ein verlockendes Ziel. Der Anbau von Exoten war in früheren Zeiten aber vor allem den »großen« Gärten vorbehalten. In den botanischen Gärten und Orangerien der europäischen Fürsten- und Königshäuser kultivierte man seltene Früchte ebenso wie am Kaiserhof im alten China.

Dies trifft auch für Kiwis zu. Aus dem Botanischen Garten des Kaiserpalastes in Peking brachten Engländer – wie könnte es anders sein – diese exotischen Früchte nach Europa. Im Königlichen Botanischen Garten von London findet man heute noch ein Exemplar dieser Mutterpflanze unserer heutigen Kiwi.

Einige Jahrzehnte später hat sich dies gründlich geändert. Bis vor wenigen Jahren fand man in den Hausgärten meist nur einheimische Obstgehölze. Doch dank der einmaligen Züchterarbeit ist es jetzt auch nördlich der Alpen für den Hobby-Gärtner möglich, ohne Schwierigkeiten ein bißchen Exotik in seinen Garten oder auf die Terrasse zu bringen.

Das vorliegende Buch soll eine kleine Hilfe sein, wie man Kiwis kultiviert. Ein bißchen Geschichte und Botanik, damit die Pflanzen nicht ganz so exotisch bleiben, kurz gefaßt am Anfang des Buches. Es folgt die Praxis, denn die Voraussetzung für einen erfolgreichen Anbau ist ja das richtige Know-how, welche Sorten man wählt und welchen Platz man ihnen im Garten gibt; und nicht zuletzt ist es auch gut zu wissen, wie und wann man diese köstliche Frucht erntet und genießt. Tips und 33 Rezepte am Ende des Buches weisen hier den Weg.

Ein besonderes Augenmerk habe ich den neuen winterfesten Kiwi-Arten gewidmet. Eine genaue Beschreibung finden Sie in den Kapiteln Arten und Sorten.

Selbstverständlich erhebt dieses Buch nicht den Anspruch auf Vollständigkeit. Ich habe trotzdem versucht, soviel Information wie nur möglich zu vermitteln und wünsche allen Gärtnern einen erfolgreichen Anbau und allen Köchen ein gutes Gelingen und guten Appetit.

Eine Kiwi-Anlage mit prächtigem Fruchtbehang, aufgenommen im September.

Eine Pflanze stellt sich vor

Kiwis waren für viele Menschen bisher nur eine braune pelzige Frucht, von der man nicht so recht wußte, wie man sie am besten genießt. Sie wurde nicht so sehr beachtet. Dazu kam, daß Kiwis zu einem nicht gerade niedrigen Preis pro Stück verkauft wurden. Dem einheimischen Obst wurde fast immer der Vorzug gegeben.

Moderne Vertriebswege sorgten allerdings in den letzten Jahren dafür, daß auf den Märkten immer häufiger exotische Früchte angeboten wurden. Heute sind Kiwis im Sortiment eines jeden Supermarktes. Sie sind »in Mode« gekommen. Aber was macht sie so beliebt?

Interessant sind sie sicherlich, weil sie noch immer etwas ungewöhnlich sind und die Neugierde in uns wecken. Das Besondere an Kiwis ist aber ihr Gehalt an Vitaminen – und hier vor allem Vitamin C – und Mineralstoffen. Eine Kiwi enthält mehr Vitamin C als eine Zitrone, eine Orange und eine Grapefruit zusammen. Ganz wichtig ist außerdem noch, daß Kiwis zu einer Zeit verfügbar sind, in der die klassischen Vitamin-C-haltigen Früchte noch nicht im Handel sind. Kiwis sind außerdem arm an Kalorien, also auch für Menschen, die Diät leben müssen, eine ideale Frucht.

Ganz aktuell ist, daß mittlerweile neue Sorten auf dem Markt sind, die nicht mehr geschält zu werden brauchen und einen köstlichen Geschmack – ananasähnlich – haben – eine willkommene Ergänzung zu der bisher bekannten Kiwi. Für den Hobby-Gärtner dürfte jedoch vor allem interessant sein, daß es dank hervorragender züchterischer Arbeit neue frostfeste Arten und Sorten gibt, die problemlos im Garten gezogen werden können. Mit etwas Information über das Wie und Wann kann nun jeder seine eigenen Kiwis im Garten oder auf der Terrasse selbst anpflanzen. Hinzu kommt, daß Kiwis so gut wie schädlingsfrei gezogen werden können. Sie brauchen also nicht mit der »chemischen Keule« behandelt zu werden. Dies ist bei den vielen empfindlichen Obstsorten heutzutage beinahe eine Sensation.

Für die Ästheten unter den Gärtnern sei gesagt, daß Kiwis ausgesprochen schöne Blüten haben; eine Spezies überrascht durch ihr sehr dekoratives Laub. So sind die Pflanzen ideal zum Beranken von Pergolen oder als Sichtschutz auf Terrassen oder am Balkon.

Unter den fruchttragenden Arten kann der Gärtner zwischen je fünf verschiedenen Sorten wählen. Alle in diesem Buch beschriebenen Sorten sind für den Hobby-Gärtner geeignet, wobei die neueren Züchtungen für die kühleren Klimazonen zu bevorzugen sind. Jeder wird für seinen Geschmack »seine« Kiwi dabei finden.

Name – Ursprung – Verbreitung

Im Vordergrund sieht man die traubenförmigen Früchte der Actinidia arguta-Sorte 'Miss Green'. Etwas versteckt hinter deren Blättern hängen braune Kiwis (Actinidia chinensis).

Die bei uns unter dem Namen »Kiwi« bekannte Frucht heißt botanisch *Actinidia chinensis*. Der Name *Actinidia* stammt aus dem Griechischen: »Aktis« bedeutet Strahl, und dieser Begriff bezieht sich auf die zahlreichen strahlenförmig angeordneten Griffel in der Blüte. Dieser Strahlenkranz ist auch in der reifen Frucht noch deutlich zu erkennen.

Den weltweit bekannten Namen »Kiwi« erhielt diese Frucht nach dem neuseeländischen Wappenvogel, den die Maori – die Ureinwohner Neuseelands – Kiwi nennen. Das braune Gefieder dieses Vogels hat Ähnlichkeit mit einem Fell. Die pelzartige Schale der Früchte erinnert etwas daran.

Für die Früchte der verwandten Art *Actinidia arguta* existiert in Deutschland noch kein spezieller Name. Bisher wird sie ebenfalls Kiwi genannt. In Italien bezeichnet man sie als »Kiwi verde«, dies ist gleichzeitig ein Hinweis auf das Aussehen. In den anderen Ländern ist der botanische Name geläufig.

Die ursprüngliche Heimat der Familie der Actinidien ist der asiatische Kontinent. Bis zu 36 Arten sind in Ostasien, der Mandschurei, auf der Halbinsel Sachalin, in Nepal und in Japan verbreitet.

Die ersten Aufzeichnungen wurden in einer chinesischen Enzyklopädie aus dem Jahr 600 v. Chr. gefunden. Diverse Studien bestätigen die Annahme, daß in ganz Südwest-China wild wachsende Actinidien gepflückt und gegessen wurden. Um 1400 wurden die Früchte erstmals in China katalogisiert. Durch den Botaniker Wallich, der 1821 während einer Nepalreise Material einer Pflanze sammelte, die in der Folge als *Actinidia callosa* bestimmt wurde, kam diese Pflanze das erste Mal mit der westlichen Welt in Berührung.

Robert Fortune, der 1847 im Auftrag der »Royal Horticultural Society« eine Forschungsreise nach China unternahm, brachte die erste lebende Pflanze nach Europa. Ein anderer englischer Botaniker, Charles Maries, brachte 1879 einige Actinidien aus Japan nach England. Schon um 1900 berichtete die Zeitschrift der »Royal Horticultural Society« über den Anbau der *Actinidia chinensis* in England. In Frankreich wurde die Art erstmals 1903 durch das Museum für Naturgeschichte in Paris vorgestellt. Nach Italien kamen die Pflanzen ungefähr zur gleichen Zeit, aber erst 1934 erschienen sie in einem Katalog des 'Giardino

Allegra' in Catania. Im Botanischen Garten der Brissago-Inseln (Schweiz) gibt es heute ein über 100 Jahre altes Exemplar von *A. chinensis*.

1904 wurde die Pflanze in Amerika eingeführt und in Kalifornien kultiviert, 1910 das erste Mal geerntet. Bereits 1923 wurden in den Versuchsgärten der Universität Chico/Kalifornien Hybriden zwischen *A. arguta* und *A. chinensis* gezüchtet und 1936 als *Actinidia fairchildii* klassifiziert. Heute sind in den USA verschiedene Actinidien verbreitet.

Alexander Allison führte ca. 1906 aus China die ersten Samen von *A. chinensis* nach Neuseeland ein. Bereits 1910 wurden die ersten Früchte geerntet. In den 20er Jahren konnten durch weitere Zucht- und Ausleseverfahren verschiedene Sorten selektiert werden: 'Allison', 'Bruno' und 'Hayward'.

Blätter und Blüten von Actinidia arguta. *Die heranwachsenden Früchte sind hier schon gut zu erkennen.*

Bruno Just, der an der Ostküste der Nordinsel Neuseelands einen idealen Standort fand, entwickelte die Pflanzen weiter. Ein wirtschaftlicher Faktor wurde der Kiwi-Anbau jedoch erst ab 1940, als größere Anbauflächen angelegt wurden.

Für Europa gewannen diese Früchte erst nach dem 2. Weltkrieg an Bedeutung, als sie in größeren Mengen vor allem aus Neuseeland importiert wurden.

Kiwi-Anbau heute

Kiwis erfreuen sich in den letzten Jahren zunehmender Beliebtheit. Diese Tendenz führte dazu, daß man die Anbauflächen weltweit vergrößerte und die Produktion um ein vielfaches gesteigert hat. Für *Actinidia chinensis* ist das Hauptanbaugebiet nach wie vor Neuseeland. Die Anlagen liegen in Gebieten mit gemäßigtem Klima, ausreichendem Niederschlag und hoher Sonneneinstrahlung. Aufgrund dieser besonders günstigen Voraussetzungen werden hervorragende Ergebnisse erzielt. Die Kiwi-Ernte erfolgt im Mai und geht hauptsächlich in den Export nach Europa. Hier ist die schmackhafte Frucht in dieser Jahreszeit ein hochwertiger Vitamin C-Spender.

Amerika und dort vor allem Kalifornien stehen an zweiter Stelle der Weltproduktion. Allerdings dient der Anbau in erster Linie der Selbstversorgung im Lande.

In Europa ist Italien, gefolgt von Frankreich, führend im Kiwi-Anbau. Ende der 60er Jahre wurden die ersten Früchte in Mittel- bzw. Süditalien gewerbsmäßig kultiviert. Heute sind Kiwi-Kulturen in ganz Italien verbreitet. Bereits im September werden die ersten Früchte angeboten.

In Frankreich werden Kiwis vor allem in den südlichen und westlichen Landesteilen angebaut. Ein Drittel dient der Eigenversorgung, der übrige Teil wird in Nachbarländer exportiert.

In Griechenland werden in Zukunft größere Anbauflächen entstehen. Das milde Klima und ausreichende Niederschläge bieten gute Voraussetzungen. In den übrigen europäischen Ländern findet man nur vereinzelt kleinere Kiwi-Kulturen.

Außerhalb Europas werden natürlich in Ost- und Südostasien Kiwis angebaut. Auch in der Sowjetunion werden Kiwis gezüchtet. Dort und auf der nördlichen Insel Japans kultiviert man vorwiegend *Actinidia arguta*.

Botanische Notizen

Blüten der braunen Kiwi (Actinidia chinensis), *gegen Ende der Blütezeit fotografiert.*

Actinidien bilden die eigene botanische Familie der *Actinidiaceae*. Alle Actinidien sind sommergrüne Kletterpflanzen, mehr oder weniger borstig oder filzig behaart und starkwüchsig. Das Mark ist voll oder gekammert. Die Blätter sind einfach, groß, ovalrund bis herzförmig, behaart oder unbehaart und wechselständig. Die Knospen sitzen in der verdickten Basis der Blattstiele. Die Blüten sind büschelförmig angeordnet, ein- oder zweigeschlechtlich, meist 4- bis 5zählig. Sie bestehen aus 5 Kelchblättern und 5, manchmal auch 6 Blütenblättern. Die Fruchtknoten sind oberständig; es sind zahlreiche Staubfäden vorhanden, in Stempelblüten meist kürzere Staubfäden und sterile Staubbeutel. Die Blüten haben ca. 15–20 Griffel. Die Früchte sind Beeren mit zahlreichen kleinen Samenkörnern.

Actinidien werden in erster Linie wegen der Früchte kultiviert. Unter den insgesamt 36 Arten gibt es jedoch auch einige, die aufgrund ihres hohen Zierwerts gezüchtet werden.

Für den Hobbygärtner sind neben *A. chinensis* vor allem die Arten *A. arguta* und *A. kolomnikta* interessant. Während erstere zur Gruppe »Stellatae« gehört, die sich durch leicht behaarte Stempel und Blätter und Früchte mit unbehaarter oder borstiger Schale auszeichnet, gehören letztere zur Gruppe der »Leiocarpae«. Stiele und Blätter sind behaart, der Fruchtknoten zylindrisch, die Früchte kleiner, glatt und ungefleckt.

Weitere interessante Arten, auf die im folgenden allerdings nicht näher eingegangen werden kann, sind:

– *A. coriacea* aus der Gruppe »Maculatae«, eine kräftige, fast immergrüne Wildart aus Westchina mit lederartigen, lanzettenförmigen Blättern von ca. 7–13 cm Länge, ca. 1,2 cm großen, rosafarbenen, duftenden Blüten und etwa 2–5 cm langen, kastanienbraunen, eiförmigen Früchten. Die Art ist etwas frostempfindlich.

– *A. polygama* aus Japan gehört zu derselben Gruppe wie *A. arguta*, hat etwas dünne Zweige, erreicht aber leicht eine Höhe von 5–6 m. Die ovalen elliptischen Blätter sind ca.

Blüte einer weiblichen Actinidia chinensis-*Pflanze. Deutlich sichtbar der Strahlenkranz.*

7–13 cm lang und schimmern leicht bronzefarben. Die weißen Blüten sind ca. 2 cm groß, die Früchte ca. 3–4 cm. Sie haben einen recht guten Geschmack.

– *A. purpurea*, wiederum aus der Gruppe »Leiocarpa«, ist ein stark windender Strauch, der in seiner chinesischen Heimat bis zu 20 m hoch werden kann und bei uns immerhin noch etwa 7 m erreicht. Die jungen Triebe sind kahl und nur im Austrieb fein behaart. Die Blätter sind ca. 8–12 cm lang, derb und ellipsenförmig zugespitzt. Die Blüten erscheinen im Juni in weißen Trugdolden. Die Früchte sind ca. 2 cm groß, eiförmig, geschnäbelt und purpurfarben.

Aufbau der Pflanze

Unten links: Das Wurzel-geflecht einer Jungpflanze, wie es idealerweise vorhanden sein sollte.

Unten rechts: Der Stamm einer 5jährigen Kiwi-Pflanze. Gut zu erkennen ist das Ablösen und Erneuern der Rinde.

Wurzeln

Der Wurzelapparat der Actinidien ist, wie auch bei anderen rasch wachsenden Kletterpflanzen, sehr expansiv. Die Notwendigkeit, die Pflanze in kurzer Zeit ausreichend mit Nährstoffen versorgen zu müssen, veranlaßt die Wurzeln, sich so weit wie möglich auszudehnen. Da die Atmungsaktivität der Wurzeln sehr intensiv ist, haben diese einen sehr hohen Bedarf an Sauerstoff. Dies ist mit ein Grund, weshalb sie sich nur knapp unterhalb der Bodenoberfläche entwickeln.

Die Wurzeln sind weich, fleischig, sehr verzweigt, in jungem Stadium weiß, mit zunehmendem Alter werden sie rotbraun. Aufgrund der Eigenschaft, den Boden nur schwach zu durchdringen, werden sie rasch von kräftig wachsenden Unkrautwurzeln behindert. Sie gedeihen am besten in tiefgründigem, lockerem, humusreichem Boden. In zäher, tonhaltiger Erde entwickeln sie sich schlecht.

Stamm

Kiwi-Pflanzen haben die Tendenz, buschartig zu wachsen. Besonders in den ersten Jahren bilden sich immer neue Spros-

Im Bild rechts oben sieht man deutlich die Sprossen eines Blatt-Triebes, während auf dem unteren Foto die Blütenknospen kurz vor dem Aufspringen zu erkennen sind.

sen an der Pflanzenbasis, die zu Trieben heranwachsen. Erst wenn in der Folge einer oder auch mehrere davon zu Haupttrieben herangezogen wurden, kann von einem Stamm gesprochen werden.

Der Stamm entwickelt sich rasch und kräftig und kann bei alten Pflanzen einen Durchmesser von bis zu 20 cm erreichen. Die Farbe der schichtweise aufgebauten Rinde ist graubraun. Eine Besonderheit bei den Kiwi-Pflanzen ist übrigens, daß sich die Rinde jedes Jahr erneuert. Man kann dadurch das Alter der Pflanzen recht gut erkennen.

Sprossen und Triebe

Bei den Actinidien unterscheidet man zwischen zwei Arten von Trieben: Blatttriebe, die zur Ernährung der Pflanze dienen, und Fruchttriebe. Letztere unterteilt man nochmals in:

a) Triebe, die aus dem alten Holz sprießen und Fruchtknospen tragen und

b) Triebe, die sich aus dem einjährigen Holz entwickeln und an den unteren 3–7 Knospen Früchte entwickeln.

Junge Triebe sind sehr weich und fleischig und von feinen Härchen bedeckt. Die Farbe der Sprossen ist anfangs ein zartes Grün, das später rötlich wird. Einjährige Triebe sind kastanienbraun, manchmal auch graubraun; die Farbe variiert je nach Boden. Die Internodien (Sproßabschnitte) liegen zwischen 4 und 25 cm je nach Stärke des Zweiges.

Knospen

Man unterscheidet zwei verschiedene Arten von Knospen: Blattknospen, in deren Innerem bereits alle Anlagen zur Bildung eines Blatttriebes ausgebildet sind und Knospen, die sich zu Blüten oder Früchten entwickeln. Letztere befinden sich an den Kurztrieben und an dem unteren Stück der Vorjahrestriebe. Die Differenzierung der Knospen findet schon vor der Sproßbildung statt und entwickelt sich während dieser sukzessive weiter.

Die Knospen sitzen in den Blattachseln. Auch wenn sie zum Teil verborgen bleiben, sind sie bereits vollständig angelegt. Behaarte Deckblätter schützen die Knospen gegen Winterkälte und Einflüsse von außen.

Links: Oben das schlanke Blatt der grünen Kiwi, unten im Vergleich dazu das deutlich runde der braunen Kiwi.

Unten: Deutlich ist hier der Unterschied zwischen der weiblichen und der männlichen Blüte der Actinidia chinensis zu erkennen. Links die weibliche Blüte mit dem Fruchtknoten.

Blätter

Je nach Art sind die Blätter bei den Actinidien unterschiedlich groß und differieren etwas in der Form; bei *A. arguta* etwa sind sie länglicher als bei *A. chinensis*. In beiden Fällen sind die Blätter dunkelgrün und an der Oberseite etwas heller als an der unteren Blattseite. Der Rand ist scharf gesägt, die Blattnerven deutlich sichtbar. Solange die Blätter jung sind, fühlen sie sich weich an, brechen leicht und sind auch windempfindlich. Ältere Blätter sind lederartig.

In der Größe unterscheiden sich die genannten Arten ebenfalls. Blätter von *A. chinensis* können einen Durchmesser bis zu 25 cm erreichen, während sie bei *A. arguta* kaum über 15 cm breit sind.

In China werden die Blätter der Actinidien übrigens zur Herstellung von Papier guter Qualität verwendet.

Blüten

Bei den Actinidien erscheinen männliche und weibliche Blüten getrennt an zwei verschiedenen Pflanzen. Auch hier unterscheiden sich die diversen Arten. Es gibt bei den neueren Züchtungen Pflanzen, die sowohl weibliche als auch männliche Blüten an einer Pflanze hervorbringen. Auf den ersten Blick sehen weibliche und männliche Blüten gleich aus, weil beide sowohl Staubgefäße und Fruchtknoten ausbilden, die jedoch gegenseitig steril sind. Der Unterschied ist jedoch bei genauerem Hinsehen deutlich zu erkennen, wie die Abbildungen oben zeigen.

Die Blüten sitzen in den Blattachseln der ersten 7–8 Blätter der Vorjahrestriebe und stehen einzeln oder bis zu max. 7 in Büscheln, im allgemeinen an den männlichen Pflanzen zahlreicher als an den weiblichen Pflanzen. Die Blüten bestehen aus

Unten: Der üppige Fruchtbehang einer Actinidia arguta *in einer gepflegten Anlage.*

5 Kelchblättern und 5 Blütenblättern, die je nach Art unterschiedlich erscheinen.

Früchte und Samen

Die Früchte der Actinidien sind Beeren. Bei der weniger behaarten Art *A. arguta* ist dieser Charakter teilweise noch gut zu erkennen, während die Früchte von *A. chinensis* heute kaum noch an Beeren erinnern.

Bei den beiden genannten Arten unterscheiden sich die Früchte in Form, Farbe und Aussehen sehr deutlich voneinander. *A. chinensis* bringt braune, pelzige große Früchte, während die Früchte von *A. arguta* glatt, grün und deutlich kleiner sind. Die Früchte von *A. arguta* werden mit Schale gegessen, die von *A. chinensis* müssen geschält werden. Die Farbe des Fruchtfleisches ist bei beiden Arten ein kräftiges Smaragdgrün.

Die Samen sind paarweise strahlenförmig um die Mittelachse angeordnet. Sie sind schwarz, ellipsenförmig abgeflacht. Ihre Anzahl hängt von der Bestäubung ab und liegt zwischen ein paar Hundert bis über 1000. Eine gutentwickelte Frucht hat auch eine hohe Samenzahl.

Entwicklung der Pflanze

Sproßbildung

Dieses Stadium zeigt den Beginn des Wachstums an, das bei dieser Pflanze besonders kräftig ist. Nach der Winterruhe und bei einer Durchschnittstemperatur des Bodens von 8 °C bei schweren tonigen Böden etwas später, bei sandigen leichten Böden etwas früher – beginnt die Sproßbildung der Pflanze. Mit dem starken Saftdruck im Frühjahr schwellen die bisher verborgenen Augen an und wachsen rasch zu deutlich sichtbaren Knospen heran. Schon kurze Zeit danach werden die Deckblätter erkennbar und nach ca. 2 Wochen sind die Sprossen gut entwickelt. Dieser Vorgang wird durch vielerlei äußere Umstände beeinflußt: den Zustand und das Alter der Pflanze, die Art der Kultivierung, die Anbauzone, das Groß- und Kleinklima. Ebenfalls von Bedeutung sind die Temperaturen des vergangenen Winters. Dies gilt besonders für *A. chinensis*.

Versäumt man den Schnitt gegen Ende des Winters oder führt man ihn zu spät durch, so kann dies das teilweise Ausbleiben der Sproßbildung verursachen. Die latent vorhandenen Augen bleiben dann verborgen. Dieser Charakter der Pflanze hat aber auch den Vorteil, daß eventuell von Spätfrösten beschädigte Knospen durch neue, latent bereits vorhandene ersetzt werden können.

Wachstum der Sprossen

Die Triebe der Actinidien wachsen sehr rasch. Innerhalb von 3 Wochen entfalten sich die Blätter und die jungen Sprossen entwickeln sich rasch zu Zweigen, die an günstigen Standorten während einer Wachstumsperiode eine Länge bis zu 10 m erreichen können.

Schon an den jungen Trieben ist der Unterschied zwischen Blatt- und Fruchttrieben zu erkennen. Blatttriebe entwickeln sich
a) aus Augen an den fruchttragenden Basistrieben des Vorjahres;
b) aus schlafenden Augen an Holz, das älter ist als 2 Jahre;
c) aus Augen an jungen Trieben (die Fruchtbarkeit beginnt erst ab dem 4. Jahr).
Fruchttriebe entwickeln sich
a) aus Augen an Blatttrieben des Vorjahres;

b) aus Augen an Trieben, die im Vorjahr oberhalb des letzten Fruchtansatzes geblüht oder gefruchtet haben.

Blütenbildung

Ca. 2 Monate nach der Sproßbildung setzt die Blütenbildung ein. Dies ist allerdings von vielen äußeren Umständen abhängig, wobei die Temperatur dabei die wichtigste Rolle spielt. *A. arguta* hat eine spätere Blütezeit, in Deutschland nach den Eisheiligen, meist erst gegen Ende Mai/Anfang Juni. *A. chinensis* kann schon etwas früher zum Blühen kommen und ist deshalb besonders durch Spätfröste gefährdet.

Bei den Actinidien sitzen die Blütenknospen in den Blattachseln. Die bereits vor der Sproßbildung einsetzende genetische Differenzierung läuft im Inneren der Pflanze ab und ist unsichtbar. Erst wenn aus den Blattachseln kleine kugelige Knospenansätze hervortreten, kann das Wachstum der Blüte beobachtet werden. Mit zunehmender Entwicklung schwellen die Knospen an. Gleichzeitig bilden sich in deren Innerem die Befruchtungsorgane und die Blütenblätter, die nach ca. 50 Tagen voll entwickelt sind. Die Knospe ist nun zum Aufspringen bereit. Nach Eintreten der gewünschten Temperatur öffnen sich die behaarten Deckblätter, und kurz darauf wird die Blüte sichtbar.

Links: Sproßbildung im Anfangsstadium des Wachstums, vor dem Aufbrechen der Deckblätter.
Rechts: Die jungen Triebe einige Wochen später.

Die Blütezeit dauert ca. 10 Tage. Die Blüten öffnen sich nicht alle gleichzeitig, sondern nacheinander. Bei den männlichen Pflanzen ist dies stärker ausgeprägt als bei den weiblichen Pflanzen.

Befruchtung

Ein wesentlicher Faktor bei der Produktion hoher Erträge und bester Qualität ist die Sicherstellung einer ausreichenden Befruchtung.

Bei den Actinidien erfolgt diese entweder durch den Wind oder durch Insekten. Im Falle einer Bestäubung durch Insekten werden die Pollen durch Bienen oder, wie bei *A. chinensis*, durch Hummeln übertragen. Aufgrund der Beschaffenheit der Blüte der *A. chinensis* sowie der geringen Nektarergiebigkeit ist eine Befruchtung durch Bienen relativ selten. Trotzdem ist das Aufstellen von Bienenkästen zu empfehlen, denn aufgrund der späten Blütezeit der Actinidien – andere heimische Obstgehölze sind Ende Mai bis Anfang Juni bereits verblüht – können sich die Bienen auf die Kiwi-Blüten konzentrieren. Späte Konkurrenzblüher wie Himbeeren oder Brombeeren sollten nicht in unmittelbarer Nähe stehen. Kurz nach Entfaltung der weiblichen Blüte ist die Empfängnisbereitschaft am höchsten. Es ist

daher wichtig, daß die männliche Pflanze zur gleichen Zeit blüht. Die Sortenübereinstimmung muß genau beachtet werden.

Bei größeren Anlagen ist zusätzlich auf eine ausreichende Zahl guter Pollenspender zu achten. Eine mangelhafte Befruchtung hat mißgebildete oder kleine Früchte zur Folge. Im älteren Blütenstadium wird der Pollenstaub durch den Wind übertragen; allerdings bringt diese Befruchtungsart keine zufriedenstellenden Ergebnisse. Der auf diese Weise transportierte Blütenstaub kann schon auf dem Weg von einer Blüte zur anderen seine Lebensfähigkeit einbüßen.

Entwicklung der Früchte

Alle weiblichen Blüten, auch die nur spärlich bestäubten, tragen im allgemeinen Früchte. Eine gute Befruchtung ist jedoch entscheidend für die Qualität der Frucht, deren Größe und Aussehen.

Nach erfolgter Bestäubung verwelken die Kelchblätter. Die Fruchtknoten vergrößern sich deutlich und im Verlauf von ca. 23 Wochen entwickelt sich die Frucht. Die Narben bleiben an der Unterseite der Frucht hängen.

Entwicklung der Frucht bei *Actinidia chinensis*

bis zur 9. Woche	schnelles Wachstum, die Samen erreichen ihre endgültige Größe
9.–12. Woche	langsames Wachstum, Samen färben sich
12.–17. Woche	schnelles Wachstum, Samen werden braun
17.–21. Woche	sehr langsames Wachstum Samen werden schwarz, Zuckerbildung setzt ein
21.–23. Woche	Früchte erreichen ihre endgültige Größe und reifen

Die Entwicklung der Frucht bei *Actinidia arguta* dauert ungefähr 18 Wochen. Genauere Beobachtungen liegen hierzu noch nicht vor.

Arten

Unter den vielen botanischen Arten der Actinidien sind nur einige für den Hobby-Gärtner interessant. Im Hinblick auf die Früchte sind *Actinidia chinensis* und *Actinidia arguta* am bedeutendsten. Eine weitere Art, nämlich *Actinidia kolomnikta,* ist wegen ihres hübschen dreifarbigen Laubes bei Gartenfreunden recht beliebt. Jede Art unterscheidet sich von der anderen durch das spezifische Aussehen der Blätter, Blüten und Früchte ebenso wie durch besondere Eigenschaften wie Widerstandsfähigkeit oder den Geschmack der Früchte.

Actinidia chinensis

Dies ist die bekannte Kiwi-Pflanze. Beheimatet ist sie in Süd-China im Tal des Yang-Tse-kiang. Die sehr stark wüchsige Pflanze kann leicht eine Höhe von 9 m erreichen. Die Triebe sind rötlich-braun und behaart, die Blätter dunkelgrün und anfangs weich, später lederartig an der Oberseite, etwas heller unterseits. Ihre Form ist rundlich, herzförmig zugespitzt. Die Blätter können einen Durchmesser von bis zu 25 cm erreichen. Die cremeweißen Blüten sind 4 cm groß und leicht duftend. Die Blütezeit liegt im Mai/Juni.

Die Früchte – dies ist der große Unterschied zu *A. arguta* – sind bis zu 8 cm groß, eiförmig, braun mit pelziger Schale. Ihr Fruchtfleisch ist kräftig grün mit deutlich sichtbaren Samen, saftig und geschmackvoll.

Actinidia arguta

Die Früchte dieser Art sind bedeutend kleiner, haben eine glatte grüne Schale, die zum Verzehr geeignet ist, und einen außergewöhnlich guten, sehr süßen Geschmack.

A. arguta stammt aus dem nördlichen Asien und ist dort bis in die Taiga hin verbreitet. Sie zeichnet sich durch ihre besonders hohe Winterhärte aus.

Auch *A. arguta* wächst stark und wird bis zu 7 m hoch. Die Triebe sind kahl, ganz junge Zweige fein behaart. Die hautartig dünnen Blätter sind etwa 8–12 cm lang und 4,5–7,5 cm breit, an der Basis rund, herzförmig zugespitzt. Der Blattrand ist scharf gesägt. An der Oberseite sind die Blätter dunkelgrün und stumpf, an der Unterseite etwas heller. Die Blattadern sind gut erkennbar. Die Blüten sind weiß mit dunkelroten Staubgefäßen,

Auch bei den Blüten ist die Verschiedenartigkeit groß. Links eine weibliche Blüte der Actinidia chinensis, *rechts Blüten der* Actinidia arguta. *Im oberen Bildteil sieht man die weibliche Form mit dem gut sichtbaren Fruchtknoten und strahlenförmig angeordneten Narben sowie dem Griffel. Unten im Bild die männliche Blüte mit den dunklen Staubgefäßen.*

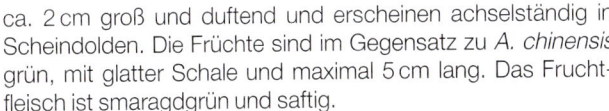

ca. 2 cm groß und duftend und erscheinen achselständig in Scheindolden. Die Früchte sind im Gegensatz zu *A. chinensis* grün, mit glatter Schale und maximal 5 cm lang. Das Fruchtfleisch ist smaragdgrün und saftig.

Actinidia kolomnikta

Die in Japan, Nordamerika und der Mandschurei beheimatete schwachschlingende Art wird bei uns kaum über 2 m hoch. Die Zweige sind meist dunkelbraun, die Blätter länglich oval, zugespitzt, 6–15 cm lang und 3–12 cm breit.

Interessant ist diese Art vor allem wegen ihres ornamentalen Laubes. An einem sonnigen Platz färben sich die Blätter der männlichen Pflanzen im Juni rosa und weiß. Die nur etwa 1,5 cm großen, weißen, duftenden Blüten erscheinen ebenfalls im Juni. *A. kolomnikta* hat gelbgrüne kugelige Früchte, die ca. 2 cm groß werden. Sie sind süß und eßbar.

Sorten

Die beschriebenen Arten können nun nochmals in Sorten unterteilt werden, wobei nur die wichtigsten und für den Gartenbesitzer hierzulande interessantesten in diesem Buch näher beschrieben werden.

Von größter Bedeutung für einen Anbau in Mitteleuropa sind sicherlich die neuen Züchtungen von *A. chinensis* und *A. arguta*. Von der äußerst frostharten *A. arguta* wurden schon in den 30er Jahren von dem berühmten russischen Züchter

Mitschurin verschiedene Sorten selektiert, die aber wegen der kleinen Früchte wirtschaftlich nicht sehr interessant waren. Das Ziel der Züchter war immer, möglichst großfruchtige winterfeste Sorten zu kultivieren.

Seit kurzem sind nun diese Arbeiten von Erfolg gekrönt. Es gibt von beiden Arten Pflanzen, die auch in den kühleren Regionen Mitteleuropas ohne Schwierigkeiten im Garten gezogen werden können – allen voran die *arguta*-Sorte 'Weiki' und

A. chinensis-Sorten (braune Kiwi)					
Sorte	Wuchs	Reifezeit/ Lagerung	Fruchtbeschaffenheit außen	Fruchtfleisch innen	Bemerkungen
'Abott'	kräftig	Ende Oktober gute Lagereigenschaft bis Januar	mittelgroß, länglich, bräunlich, dicht behaart	hellgrün, mittelmäßig süß, saftig, duftend, bester Geschmack	ideal für Selbstversorger, da sehr anpassungsfähig, empfindlich gegen Chlorose
'Allison'	sehr kräftig	Anfang November	mittelgroß, oval, etwas länglicher als Abott, dünne Schale	hellgrün, guter Geschmack	sehr ähnlich wie Abott, wird leicht verwechselt, kaum noch im Handel
'Bruno'	kräftig	Anfang November gute Lagerfähigkeit; wenig transportfähig	zylindrisch schlank mit borstenartigen Haaren	hellgrün, mittelmäßig saftig, süßsäuerlich, duftend, s. gut. Aroma	kräftiger Wuchs und hoher Ertrag, gut anpassungsfähig
'Hayward'	sehr kräftig	Mitte bis Ende November sehr gute Lagerfähigkeit bis Mai	groß, oval, bräunlich, grüne Schale, dichte, feine Behaarung	smaragdgrün, saftig, süßsäuerlich	mittelmäßiger Fruchtgeschmack, größte Frucht, empfindlich gegen Chlorose
'Jenny'	kräftig	Mitte November	etwas kleiner als Hayward, sonst wie diese	kräftig, grün, saftig, süß	wie Hayward, aber winterhart, nur 1 Pflanze nötig!
'Monty'	sehr kräftig	Mitte November Lagerfähigkeit begrenzt	klein, elliptisch zugespitzt, bräunlich, dicht behaart	hellgrün, mittelm. saftig, süß, gut duftend, würz. Geschmack	sehr hoher Ertrag, kleine Früchte, geht früh in Produktion
Bis auf 'Jenny' sind bei allen Sorten zum Fruchtertrag zusätzliche männliche Sorten notwendig (vgl. S. 25).					

Oben: Die Sorte 'Abott'. Es ist die geschmackvollste Sorte der pelzigen Art.

Unten: Die Sorte 'Bruno'. Sie unterscheidet sich durch ihre zylindrische, schlanke Form gut von den anderen Sorten.

die *chinensis*-Sorte 'Jenny'. Alle Kiwi-Sorten können sich nach Anbauzone und Anbauzeit geringfügig in Aussehen und Geschmack verändern.

Actinidia chinensis

Von dieser Art gibt es sechs verschiedene weibliche und drei männliche Sorten. Die Sorte 'Jenny' ist besonders winterhart. Alle haben eine pelzige Schale. Die Früchte müssen vor dem Verzehr geschält werden. Die Sorten unterscheiden sich hauptsächlich durch Fruchtgröße, Reifezeit und Lagerfähigkeit.

'Abott'. 1920 wurde diese Sorte als Zufallssämling in Neuseeland entdeckt und 1930 in den Handel gebracht. Die Pflanze ist kräftig, sehr produktiv und die früheste Sorte. Die Blüten sind groß, cremeweiß und öffnen sich in klimatisch günstigen Lagen schon Mitte Mai.

Die Frucht ist mittelgroß und länglich mit bräunlicher, dicht behaarter Schale. Das Fruchtfleisch ist hellgrün, mittelsüß, saftig und aromatisch duftend. Die Ernte erstreckt sich von Ende Oktober bis Mitte November.

Diese Sorte ist unempfindlich und hat gute Lager- und Transporteigenschaften. Für den Selbstversorger ist diese Sorte gut geeignet, weil sie sehr anpassungsfähig ist. Sie bringt einen hohen Ertrag. Chloroseempfindlich (vgl. S. 51).

'Allison'. Auch diese Sorte wurde in Neuseeland gezüchtet und nach dem ersten Kultivateur benannt. Sie ist sehr kräftig und hat eine etwas spätere Blütezeit als 'Abott'. Die Blüten sind am Rand gekräuselt. Die Früchte sind mittelgroß, länglich, sehr ähnlich der von 'Abott', allerdings mit einer etwas dünneren Schale. Das Fruchtfleisch ist saftig und gut im Geschmack. Reifezeit ist Anfang November.

'Bruno'. Die vom neuseeländischen Züchter Bruno Just selektierte Sorte ist seit 1930 im Handel. Die kräftig wachsende Pflanze hat eine mittelfrühe Blütezeit, etwas später als 'Allison'. Die Blüten erscheinen paarweise oder zu dritt. Diese Sorte ist unverwechselbar in ihrem Erscheinungsbild und sofort zu erkennen. Ihre Früchte sind zylindrisch und dicht bedeckt mit

Oben: Die bekannteste Kiwi-Sorte 'Hayward'. Sie ist die größte aller Kiwi-Sorten.

Unten: Die kleinere Sorte 'Monty'.

borstenartigen Haaren. Das Fruchtfleisch ist hellgrün, süßsäuerlich, saftig mit einem feinwürzigen Aroma.

'Bruno' reift sehr früh. Der Ernteertrag ist sehr hoch. Die Pflanze paßt sich gut an verschiedene Standorte an. Die Lagerfähigkeit ist gut, allerdings ist die Sorte wenig transportfähig.

'Hayward'. Dies ist die am häufigsten gepflanzte Sorte. Gezüchtet wurde sie 1920 von Hayward R. Wright in Neuseeland.

Eine mittelstark wüchsige Pflanze mit einer späten Blütezeit. Die Blüten erscheinen bei dieser Sorte einzeln. Die Früchte sind bedeutend größer als bei allen anderen Sorten und erreichen ein Stückgewicht von bis zu 120 g. Sie sind breit oval, seitlich etwas abgeflacht, mit einer grünlich braunen Schale, die mit feinen kurzen Haaren bedeckt ist. Der Geschmack des hellgrünen Fruchtfleisches ist feinsäuerlich mit angenehmem Aroma.

Die Ernte bei 'Hayward' erfolgt spät, ca. Mitte bis Ende November. Die Sorte ist sehr gut lagerfähig, der Ertrag ist aber etwas geringer als bei anderen Sorten. Die Pflanze ist etwas chloroseempfindlich (vgl. S. 51).

'Jenny'. Die neueste Züchtung von *A. chinensis* weist eine hohe Frostbeständigkeit auf. Entstanden ist diese Sorte aus einer Mutation. In einem komplizierten Verfahren wurde die Sorte weitergezüchtet und dann an verschiedenen Stellen ausgepflanzt.

Eine zusätzliche Besonderheit dieser Sorte ist, daß nur noch eine Pflanze benötigt wird, die sowohl weibliche als auch männliche Blüten trägt.

Der Geschmack ist feinsäuerlich süß, saftig, insgesamt sehr ähnlich dem von 'Hayward'. Die Früchte sind jedoch etwas kleiner. 'Jenny' hat einen mittelstarken Wuchs. Die Erntezeit ist ca. Mitte November.

'Monty'. Die von Bruno Just eingeführte Sorte ist erst seit 1950 bekannt. 'Monty' ist eine sehr kräftig wachsende Sorte mit hoher Produktion. Um eine bessere Fruchtgröße zu erreichen, muß die Pflanze kräftig ausgelichtet werden. Die spät erscheinenden Blüten stehen paarweise, manchmal zu dritt. Die Früchte sind klein, elliptisch, etwas zugespitzt, die Stiele etwas

Die Früchte der sehr süßen Actinidia arguta-Sorte 'Kokuwa', fotografiert kurz vor der Ernte im Herbst.

länger als bei 'Hayward'. Monty hat eine bräunliche, dicht behaarte Schale und ein hellgrünes, saftiges, süßsäuerliches Fruchtfleisch. Die Fruchtreife ist Mitte November, nach 'Bruno'. Sie ist begrenzt lager- und transportfähig. Eine anpassungsfähige Sorte.

Männliche Sorten. Bei den Pollenspendern können drei Sorten unterschieden werden. Ein guter Pollenspender muß eine ausreichende Blüte haben und das ganze Jahr hinweg gut wachsen. Ganz besonders ist darauf zu achten, daß die Blütezeit zwischen weiblichen und männlichen Pflanzen übereinstimmt.

'Matua' ist eine kräftig wachsende Pflanze mit früher und reichlicher Blüte und ein guter Pollenspender für 'Abott', 'Allison' und 'Bruno'; für 'Hayward' dürfte die Blütezeit etwas zu früh einsetzen.

'Tomuri' ist eine spät blühende Sorte und daher gut zur Befruchtung von 'Hayward' geeignet.

'Atlas' blüht gleichzeitig mit 'Bruno' und ist deshalb für deren Befruchtung sehr gut geeignet.

Actinidia arguta

'Beauty Red'. Diese Sorte zeichnet sich durch die Farbe der Früchte aus, die kurz vor der Reife sonnenseits eine rötliche Farbe annehmen. Es ist eine kräftig wachsende Pflanze mit hohem Ertrag; die Zweige sind geradezu überladen mit Früchten. Die Pflanze ist stark belaubt. Die Früchte sind zylindrisch geformt, ca. 3 cm groß und hängen traubenförmig an den Zweigen. Der Geschmack ist sehr delikat. Reifezeit Mitte–Ende September.

'Clamony'. Eine sehr kräftige Pflanze, die relativ große Früchte produziert. Auch bei 'Clamony' hängen die Früchte traubenförmig an den Ästen; sie sind graugrün, mit glatter Haut, rundlich, herzförmig zugespitzt. Das Fruchtfleisch ist sehr aromatisch und süß. Die Früchte reifen Mitte bis Ende September.

'Jumbo verde'. Dies ist die größte Sorte der *A. arguta*. Die Früchte sind ca. 5 cm lang, länglich zylindrisch, hellgrün mit glatter Haut. Das Fruchtfleisch ist saftig und süßsäuerlich. Die Reifezeit tritt bereits Ende des Sommers ein. Die Früchte werden rasch überreif und müssen zügig geerntet werden. Die Lagerfähigkeit ist gering.

'Kokuwa'. Dieser Name stammt aus dem Japanischen und bedeutet »Honigbeere«. Dies weist schon auf den besonders süßen Geschmack der Früchte hin. 'Kokuwa' ist ein kleinfruchtiger, stark schlingender Strauch. Die Früchte sind ca. 2,5 cm groß, mattgrün, sonnenseits mit rötlichem Anflug. Die Schale ist dünn und glatt. Die Fruchtreife beginnt Mitte Oktober und der

Ertrag ist hoch. Für Frischgenuß, Marmelade und Kompott gut verwendbar.

'Miss Green'. Diese kräftige Sorte bringt schöne, ca. 3,5 cm große, ovale, glatte Früchte mit leicht rötlichem Anflug. Im Geschmack sind sie saftig und süßsäuerlich. 'Miss Green' reift Mitte bis Ende September und ist gekühlt gut lagerfähig. Eine Sorte, die bei großen Früchten einen hohen Ertrag bringt und sich ebenso gut für den Frischverzehr wie für die Verarbeitung eignet.

'Weiki'. Die neue Züchtung aus Weihenstephan hat einen hervorragenden Geschmack und sehr gute Lagereigenschaften. Die Pflanze ist starkwüchsig und sehr reichtragend. Die Blütezeit von 'Weiki' beginnt erst nach den Eisheiligen gegen Ende Mai/Anfang Juni und ist aus diesem Grund nicht spätfrostgefährdet.

Die Früchte sind knapp 3 cm groß, mit glatter, grüner Haut und einem leicht rötlichen Schimmer. Anfang Oktober ist diese Sorte reif. Je später jedoch geerntet wird, desto gehaltvoller wird die Frucht; der Hobby-Gärtner wird sie deshalb bei Voll-

A. arguta-Sorten (grüne Kiwi)					
Sorte	Wuchs	Reifezeit/ Lagerung	Fruchtbeschaffenheit außen	Fruchtfleisch innen	Bemerkungen
'Beauty Red'	stark	Mitte–Ende September gute Lagerfähigkeit	zylindrisch, grün-rötlich, ca. 3 cm, glatte Haut	sehr guter Geschmack	traubenartige Früchte, färben sich kurz vor der Reife leicht rötlich, winterhart
'Clamony'	sehr kräftig	Mitte–Ende September gute Lagerfähigkeit	fast quadratisch, zugespitzt, graugrün, glatt	saftig, aromatisch, süß	traubenartig, winterhart
'Jumbo verde'	kräftig	Anfang–Mitte September Lagerfähigkeit gering	hell-mittelgr., glatt, zylindrisch, länglich, groß	süßsäuerlich, wohlschmeckend	ca. 5 cm große Früchte, winterhart
'Kokuwa'	stark	Mitte Oktober Lagerfähigkeit gering	mattgrün, sonnenseits rötlich, ca. 2,5 cm	sehr süß	gut für Frischgenuß und Marmeladen, winterhart
'Miss Green'	kräftig	Mitte September gute Lagerfähigkeit	mattgrün, leicht rötlich	süßsäuerlich	für Frischverzehr und Verarbeitung, winterhart
'Weiki'	stark	Mitte Oktober gute Lagerfähigkeit	grün, glatt, ca. 3 cm groß	sehr guter Geschmack	besonders für Marmeladen, winterhart, nur 1 Pflanze nötig!
Bis auf 'Weiki' sind bei allen Sorten zum Fruchtertrag zusätzliche männliche Sorten notwendig (vgl. S. 27).					

Unten: Die größte Actinidia arguta-*Sorte 'Jumbo verde' aus Leno.*

Rechts: Die neueste Züchtung aus Weihenstephan, 'Weiki'. Die sogenannte »Schrumpfreife« hat hier schon eingesetzt.

reife ernten. Für eine Weiterverarbeitung zu Saft oder Marmeladen kann man sie bis zum ersten Frost hängen lassen. Die Inhaltsstoffe nehmen dabei noch zu, am höchsten sind sie, wenn die Frucht zu schrumpfen beginnt.

Für den Frischverzehr ist Weiki nicht so sehr geeignet. Von Weiki wird nur eine Pflanze benötigt, sie ist selbstfruchtbar.

Männliche Sorten. Als Pollenspender für *A. arguta* können männliche Pflanzen von *A. chinensis* gepflanzt werden, die in der Blütezeit übereinstimmen.

Anbau im eigenen Garten

Eine genaue Kenntnis des Standorts ist bei der Anlage einer Kiwi-Kultur sehr wichtig, um der Pflanze die bestmöglichen Voraussetzungen für eine gute Entwicklung zu bieten und auch um den Pflegemaßnahmen gerecht zu werden. Bei den in diesem Buch im Vordergrund stehenden Arten sind die Ansprüche etwas unterschiedlich. *A. arguta* ist bedeutend weniger windempfindlich als *A. chinensis*. Der wichtigste Unterschied liegt jedoch in der bedeutend höheren Frosthärte von *A. arguta*. Bei den übrigen Faktoren wie Luftfeuchtigkeit, Wasser und Erde sind die Ansprüche beider Arten etwa gleich.

Klima/Temperatur

A. arguta ist in den nördlichen Teilen Ostasiens beheimatet und daher nicht so anspruchsvoll wie die berühmtere Schwester. Vor allem übersteht sie Minustemperaturen bis zu 30° problemlos und fast ohne Schutz. Etwas empfindlich reagiert sie auf Spätfröste. Die jungen Sprossen können dabei betroffen sein. Die Pflanze wird aber dadurch nicht geschädigt und treibt neu durch. Während der Wachstumszeit hat *A. arguta* gern eine hohe Luftfeuchtigkeit und schätzt eine Windschutzhecke. Allzu heiße Sommertemperaturen sind dieser Art weniger angenehm. Es ist günstiger, die Pflanze im Halbschatten zu plazieren.

A. chinensis, die großfruchtige Kiwi, stammt aus der etwas wärmeren Klimazone im südlichen China, in der die Temperatur im Winter einige Grade um Null schwankt. Man möchte deshalb meinen, daß Kiwis bei uns in Mitteleuropa nicht wachsen können. Dies ist aber nicht der Fall. Pflanzen der *A. chinensis* sind während ihrer Ruheperiode im Winter bis −14° frostbeständig. Gefährlich hingegen sind Spätfröste, wie sie im Frühjahr auftreten. Nach Beginn des Austriebs können Temperaturen von −2 oder −3° den jungen Trieben oder Blütenknospen Schaden zufügen. Halten diese Temperaturen längere Zeit an, so führt dies zur Schädigung der gesamten Pflanze. Dauerfröste während dieser Zeit lassen die Pflanze absterben. Für beide Arten ist aber neben dem Großklima auch das Kleinklima von Bedeutung. Auch in weniger günstigen Anbauzonen können die Wachstumsbedingungen durch ein gutes Kleinklima erheblich verbessert werden. Wichtig sind deshalb möglichst gute

*Eine gepflegte Kiwi-Anlage.
Die Pflanzen wachsen hier an
einem T-Joch-Spalier auf zwei
Ebenen.*

Bedingungen bezüglich Bodenstruktur, Wärme und Feuchtigkeit. Während der Wachstumsphase im Frühjahr und im Sommer liegt der optimale Feuchtigkeitsgehalt der Luft bei 70%; im Herbst können die Pflanzen auch längere Trockenperioden überstehen. Bei einem Wert unter 40% beginnen die Blätter allerdings zu vertrocknen. In allen Fällen, in denen der notwendige Feuchtigkeitsbedarf nicht erreicht wird, muß zusätzlich bewässert werden. Die Pflanze erholt sich dann wieder, wenn die gewünschten Bedingungen erreicht werden.

Lage

Um gute Erträge zu erzielen, muß auch die Lage berücksichtigt werden. Sowohl *A. chinensis* wie auch *A. arguta* können freistehend oder als Wandspalier kultiviert werden. Die Ansprüche sind etwas unterschiedlich.

Freistehende Kulturen. Für frei angelegte Pflanzungen ist die Südwest/West-Lage am günsigsten. Gegen Norden und Osten sollten die Pflanzungen mit einer Windschutzhecke abgeschirmt werden. Eine reine Westlage ist ebenfalls geeignet, doch müssen die Pflanzen unbedingt gegen kalte Winde aus dem Norden geschützt werden. Ost- und Nordlagen sind ungünstig, weil die tägliche Sonneneinstrahlung nicht ausreicht.

Ein Spalier im Freien legt man am besten in Nord-Süd-Richtung an, wobei sich auch hier eine Windschutzpflanzung gegen Osten als vorteilhaft erwiesen hat. So ausgerichtet werden die Pflanzen schon von der Morgensonne beschienen. Dies ist deshalb günstig, weil die Morgenstunden die niedrigsten Temperaturen bringen. Am Nachmittag wird dann die andere Spalierseite nochmals besonnt.

Wandspalier. In eher kühleren Anbauzonen kann es günstiger sein, ein Spalier an einer Wand anzulegen. Allerdings muß an solch einem Standort immer für ausreichende Feuchtigkeit gesorgt werden. »Brandige« Südwände sind möglichst zu meiden; besser sind Süd-Ost-Lagen. Ein Sonnenschutz während der Mittagsstunden ist zu empfehlen.

Als Wandspalier gezogene Kiwi-Pflanzen haben einen höhe-

ren Bedarf an Luftfeuchtigkeit und sind eher spätfrostgefährdet, weil an der warmen Wand die Pflanze früher mit dem Austrieb beginnt.

Für *A. arguta* ist ein Wandspalier weniger geeignet.

Wind

Actinidien sind überaus windempfindlich und bevorzugen daher geschützte Lagen. Wenn sie dem Wind ausgesetzt sind, können verschiedene Schäden auftreten. Im Frühjahr ist es möglich, daß durch ein plötzliches Auftreten von Wind und einem damit verbundenen Absinken der Temperaturen eine Störung des Wachstums verursacht wird. Im Sommer, wenn der Wind meist trocken, manchmal auch heiß ist, kommt es rasch zum Austrocknen der Blätter und Wurzeln.

Wind verursacht aber auch mechanische Schäden durch Abbrechen der jungen Triebe und Blätter. Früchte, die während eines starken Windes ständig Reibungen ausgesetzt sind, bekommen Risse oder werden verletzt, im schlimmsten Fall auch abgeworfen. In Gegenden, in denen häufig mit starken Winden zu rechnen ist, schaffen Hecken einen guten Schutz. Dabei ist zu beachten, daß eine solche Hecke mindestens 1 Jahr vor der Kiwi-Anlage gepflanzt wird. Die Pflanzen, die dafür verwendet werden, sollen rasch wachsen und leicht zu pflegen sein.

Boden

Voraussetzung für ein gutes und gesundes Wachstum ist eine nahrhafte, humusreiche Erde.

Actinidien benötigen für eine gute Entwicklung ihres Wurzelsystems eine mittelschwere, humusreiche, tiefgründige Erde mit einem guten Wasserabzug. Die Pflanzen passen sich aber auch leichten, eher sandigen Böden an, vorausgesetzt diese werden kontinuierlich und ausreichend mit organischen Substanzen versorgt. In tonhaltigen, verdichteten Böden gedeihen Actinidien schlecht.

Ein fruchtbarer Boden besteht aus einer dicken Schicht feinkörnig verwitterten, lockeren Materials, in dem die Pflanzen gut wurzeln können. Ein lockeres Krümelgefüge (= Bodengare) ist ideal, die Pflanzen werden dabei ausreichend mit Wasser versorgt, gleichzeitig aber kann überschüssiges Wasser im Untergrund versickern, und es wird auf diese Weise verhindert, daß die Pflanzen und Bodentiere unter Staunässe und Luftmangel leiden.

In einem fruchtbaren Boden existieren viele Kleinlebewesen, die den Boden ständig durchmischen und dafür sorgen, daß abgestorbene Pflanzenteile rasch zersetzt werden und darin enthaltene Nährstoffe frei werden. Er enthält einen hohen Anteil dunkler nährstoffreicher Minerale und ist durch Humusstoffe

Eine Kiwi-Pflanze, wie sie aussieht, wenn sie nicht geschnitten wird.

das Oberflächenwasser nicht vollständig versickern kann, muß eine Dränage vorgenommen werden. Je feinkörniger der Boden ist, desto mehr Wasser kann er speichern. Der Boden im Garten sollte mindestens 70 cm tief frei von Staunässe sein.

Für das gute Gedeihen von Kiwi-Pflanzen ist aber auch der Sauerstoffgehalt des Bodens von großer Wichtigkeit. Das heißt, der Boden muß atmen. Actinidien nehmen Schaden, wenn der Gehalt an Sauerstoff im Boden unter 15% fällt. Dieser Mangel zeigt sich in einer Wachstumshemmung der Wurzeln. Die Pflanzen welken, obwohl sie auf durchnäßtem Boden stehen. Vom Sauerstoffmangel aber sind auch alle Bodenorganismen betroffen, vor allem die Bakterien, die Stickstoff sammeln und binden. Stickstoffmangel ist oft die Folge. In schlecht durchlüfteten Böden treten andererseits Nährelemente wie z. B. Mangan in extrem hohen Konzentrationen auf, die für die Pflanzen schädlich sind. In unteren Bodenschichten kommt Sauerstoffmangel häufiger vor als im Oberboden.

Die Farbe ist ein sicheres Merkmal für die Durchlüftung des Bodens. Blau-graue oder grünlich-graue Farbtöne weisen auf Sauerstoffmangel hin. Ein gutes Mittel besteht darin, den Anteil der Grobporen im Wurzelbereich etwa durch Bodenlockerung zu erhöhen.

Schließlich benötigen Actinidien sauren Boden, dessen pH-Wert etwa im Bereich 5,5–6 liegt. In Böden mit höheren Werten gedeihen Kiwis sehr schlecht, weil sie sehr sensibel auf Kalk reagieren. Der pH-Wert muß schon vor der Pflanzung bekannt sein, um eventuelle Korrekturarbeiten vornehmen zu können. Es gibt verschiedene Möglichkeiten, den pH-Wert zu messen. Jedes gute Garten-Fachgeschäft gibt darüber Auskunft.

dunkelbraun gefärbt. Diese speichern Nährstoffe im Boden und verhindern, daß der Boden ausgewaschen wird.

Fruchtbarer Boden enthält keine Giftstoffe. Im allgemeinen bestehen fruchtbare Böden zu etwa 50% aus Mineralboden und Humus, zu 30% aus Wasser und zu 20% aus Luft.

Der Boden einer Kiwi-Anlage muß immer einen guten Wasserabzug und einen hohen Gehalt an Sauerstoff aufweisen. Die Pflanzen reagieren empfindlich auf Staunässe und verdichtete Böden. Sind die unteren Bodenschichten so beschaffen, daß

pH-Wert-Tabelle		
	3 –4,5	starksauer
	4,5–6	sauer
	6 –6,5	schwachsauer
	6,5–7,5	neutral
	7,5–8	schwachbasisch
	8 –9,5	basisch
	über 9,5	starkbasisch

Wuchsformen

Actinidien sind Rankgewächse, die im Laufe einer Saison eine Menge Biomasse produzieren, ohne eine bestimmte Form anzunehmen. Um ein gutes Verhältnis zwischen Blattwerk und Fruchtertrag zu erreichen, ist es daher unabdingbar, die Pflanzen zu leiten. Als Anbauformen sind hierzu verschiedene Spalierformen und Pergolen geeignet.

Einfache Spaliere

Diese Form besteht aus zwei oder mehreren ca. 2,20 m hohen Pfählen, die mit Drähten verbunden sind. (Höhere Pfosten sind weniger gut geeignet, weil die Pflegemaßnahmen dann nur noch mit einer Leiter durchzuführen sind.)

Die Drähte können nun wahlweise in einer Ebene bei ca. 2 m Höhe oder in zwei oder drei Reihen gespannt werden. Entscheidet man sich für zwei parallel laufende Drähte, so werden diese in der Höhe von ca. 90 cm und 1,80–2,00 m gezogen. Will man einen Dreifach-Kordon anlegen, so wird der unterste Draht bei 80–90 cm, der mittlere bei 1,40–1,50 m und der oberste bei 2,00–2,10 m gespannt. Wenn die Pflanzen die Pfostenhöhe erreicht haben, werden die obersten Zweige abwechselnd nach links und nach rechts gebeugt und schräg aufwärts am Draht befestigt. Sie bilden die Schenkel des Kordons. Ein waagerechtes Binden ist zu vermeiden, weil junge Triebe dabei rasch brechen würden.

Hat man mehrere Drähte gespannt, so wird zuerst der oberste Kordon gebildet, dann aus geeigneten Sprossen der mittlere und zuletzt werden die Triebe an den unteren Draht gebunden. Die Pflanzen entwickeln bei dieser Anbauform an mehreren Ebenen je zwei Haupttriebe, die später Früchte tragen.

Ein Spalier kann natürlich auch mit mehreren Stämmen gezogen werden, am besten zwei oder drei. Die Drähte werden in den gleichen Abständen gezogen. Triebe, die aus dem Mittelstamm wachsen, bindet man an den oberen Draht nach links und rechts. Aus den Nebenstämmchen bildet man die unteren Kordontriebe.

Spalierformen haben gegenüber anderen Anbauformen den Vorteil, daß sie einen hohen Flächenertrag bringen, die Pflegearbeiten leicht durchzuführen sind und zwischen den Reihen noch andere Kulturen gepflanzt werden können. Ein Nachteil ist, daß sie sehr starke Stützen benötigen und in Gegenden mit starkem Wind äußerst robuste Hecken als Schutz benötigen.

Spaliere in T-Form

Diese Anbauform ist eine Abwandlung des einfachen Spaliers und bietet der Pflanze eine bessere Ausdehnungsmöglichkeit. Das T-Spalier ist einfach aufzubauen und die Pflanzen sind bei dieser Anbauform leicht zu pflegen.

An Pfosten werden in ca. 1,80 m Höhe Querträger befestigt, deren Breite sich nach der Anzahl der Drähte richtet, die gespannt werden: das Minimum sind 70–80 cm, das Maximum 1,50 m nach jeder Seite. Diese Querstreben müssen zusätzlich noch nach jeder Seite hin verankert werden.

Als Draht verwendet man auch hier am besten verzinkten Eisendraht, wobei der mittlere Draht, der die Hauptäste tragen soll, ca. 4,5 mm stark sein muß. Für die beiden äußeren reicht eine Stärke von 2–2,5 mm aus. Zu beachten ist, daß der mittlere Draht ca. 15 cm höher als die übrigen gespannt werden muß. Die Pflanzen werden in gleichem Abstand zwischen die Pfosten gesetzt und mit Hilfe eines Stabes bis zur Höhe des oberen Drahtes geleitet. Zur Bildung des Kordons werden sie dann nach links und rechts an den Draht gebunden. Die seitlichen Zweige, die das Fruchtholz tragen, bindet man gleichmäßig verteilt an die parallelgezogenen Drähte.

Das T-Spalier wird am besten so angelegt, daß es von beiden Seiten frei zugänglich ist. Schnitt- und Pflegemaßnahmen können auf diese Weise problemlos durchgeführt werden. Der Abstand der Pfosten soll 4–5 m betragen.

Pergola

Eine Pergola für Kiwis sollte aus im Quadrat oder Rechteck aufgestellten Pfosten bestehen, die mit starken Drähten an den Außenkanten miteinander verbunden werden. Die Pfostenhöhe muß mindestens 2,20 m betragen, um noch bequem darunter gehen zu können.

Als Auflage für die fruchttragenden Äste dienen im Abstand von 50/50 cm rasterförmig gespannte Drähte. Auch hier ist das enorme Gewicht der Äste beim Spannen der Drähte zu berück-

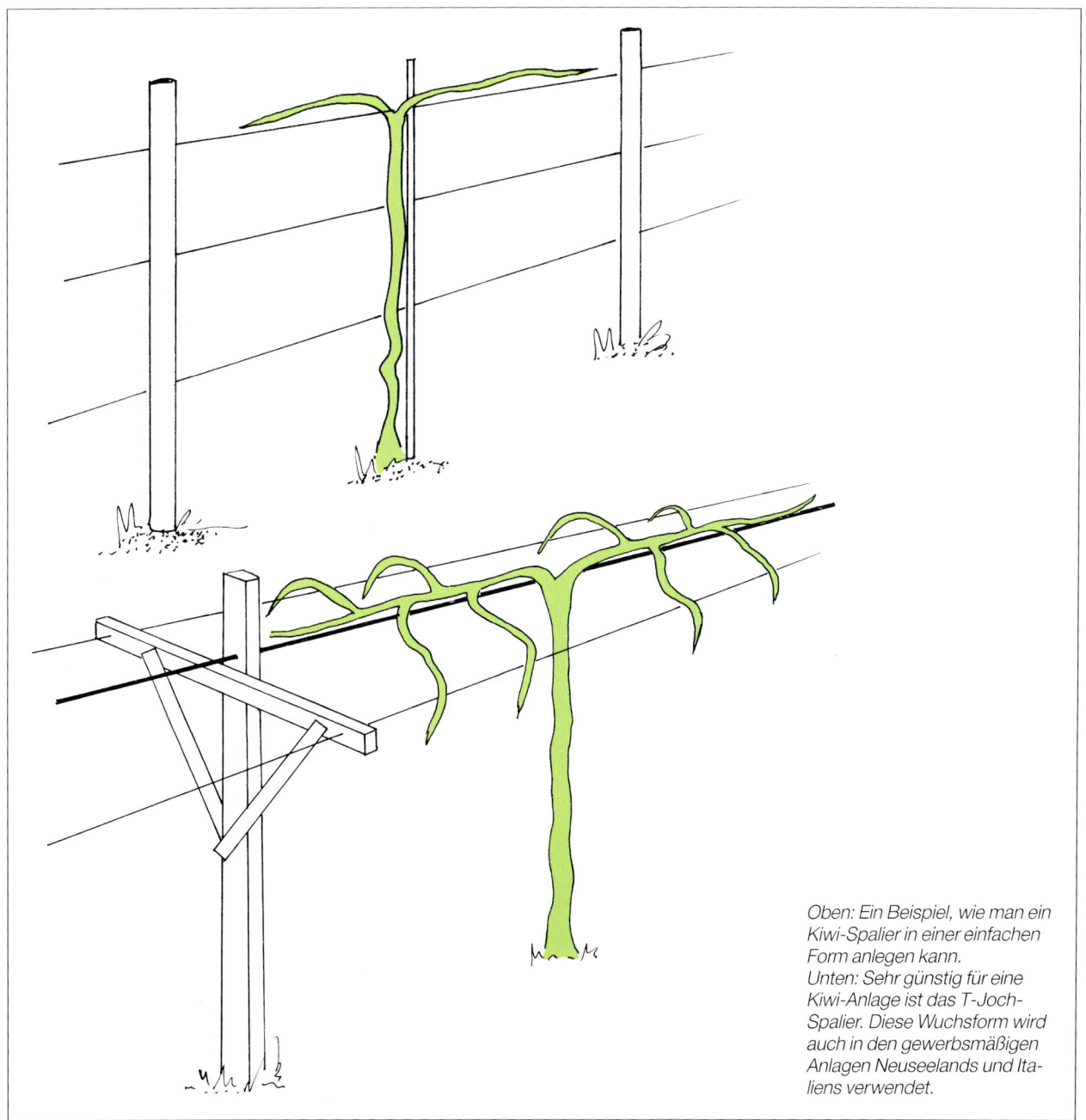

Oben: Ein Beispiel, wie man ein
Kiwi-Spalier in einer einfachen
Form anlegen kann.
Unten: Sehr günstig für eine
Kiwi-Anlage ist das T-Joch-
Spalier. Diese Wuchsform wird
auch in den gewerbsmäßigen
Anlagen Neuseelands und Ita-
liens verwendet.

Die Actinidia arguta-*Sorte 'Miss Green', wie sie üppig an einem T-Joch-Spalier wächst. Die Trauben sind bis zu 30 cm lang.*

sichtigen, Drahtstärke sollte für außen 5,5 mm, für das Raster 4,5 mm betragen.

Die Pflanzen werden ähnlich wie auch beim T-Spalier bis zur Pfostenhöhe ein- oder mehrstämmig gezogen. Die Seitentriebe verteilt man gleichmäßig und befestigt sie am Raster.

Bei dieser Wuchsform ist der Schnittaufwand höher als bei den Spalierformen, und die Pflegemaßnahmen können nur von einer Leiter aus durchgeführt werden. Für die Früchte ist diese Anbauform günstig. Durch das Blattwerk werden sie besser vor Witterungseinflüssen geschützt.

Will man einen Sitzplatz mit Kiwis beranken lassen, muß man bedenken, daß die Abdeckung nicht aus Holzbalken oder ähnlich starkem Material bestehen darf, da die Triebe nur schlecht daran befestigt werden können.

Wandspalier

Die Form eines Wandspaliers für Kiwi-Pflanzen kann in Gebieten mit sehr hohem Windaufkommen günstig erscheinen. Aller-dings ist diese Wuchsform mit viel Schnittaufwand verbunden und durch den meist frühen Austrieb spätfrostgefährdet. Hinzu kommt, daß durch den Kalkanteil der Hauswand die Pflanzen meist chlorosegefährdet sind (vgl. auch S. 51). Natursteinwände sind besser geeignet.

Für ein Spalier an einer Hauswand empfiehlt sich ein solides Gerüst aus Lattenrost, wie man ihn für Aprikosenspaliere verwendet. Man bedenke dabei, daß ein Kiwi-Spalier viel Fläche benötigt, wenn nicht aus Platzgründen allzuviel gestutzt werden soll. Muß ein Fenster mit berücksichtigt werden, so sollte der Abstand zwischen diesem und dem Leitast mindestens 1,5 m betragen.

Zunächst wird ein Stämmchen von ca. 80—100 cm gezogen. Wenn es die gewünschte Höhe erreicht hat, leitet man nach links und rechts jeweils einen geeigneten Sproß. Diese entwickeln sich im Laufe eines Jahres und müssen immer wieder beigeheftet werden. Sie bilden die Leitäste, von denen alle Nebentriebe senkrecht nach oben gebunden werden.

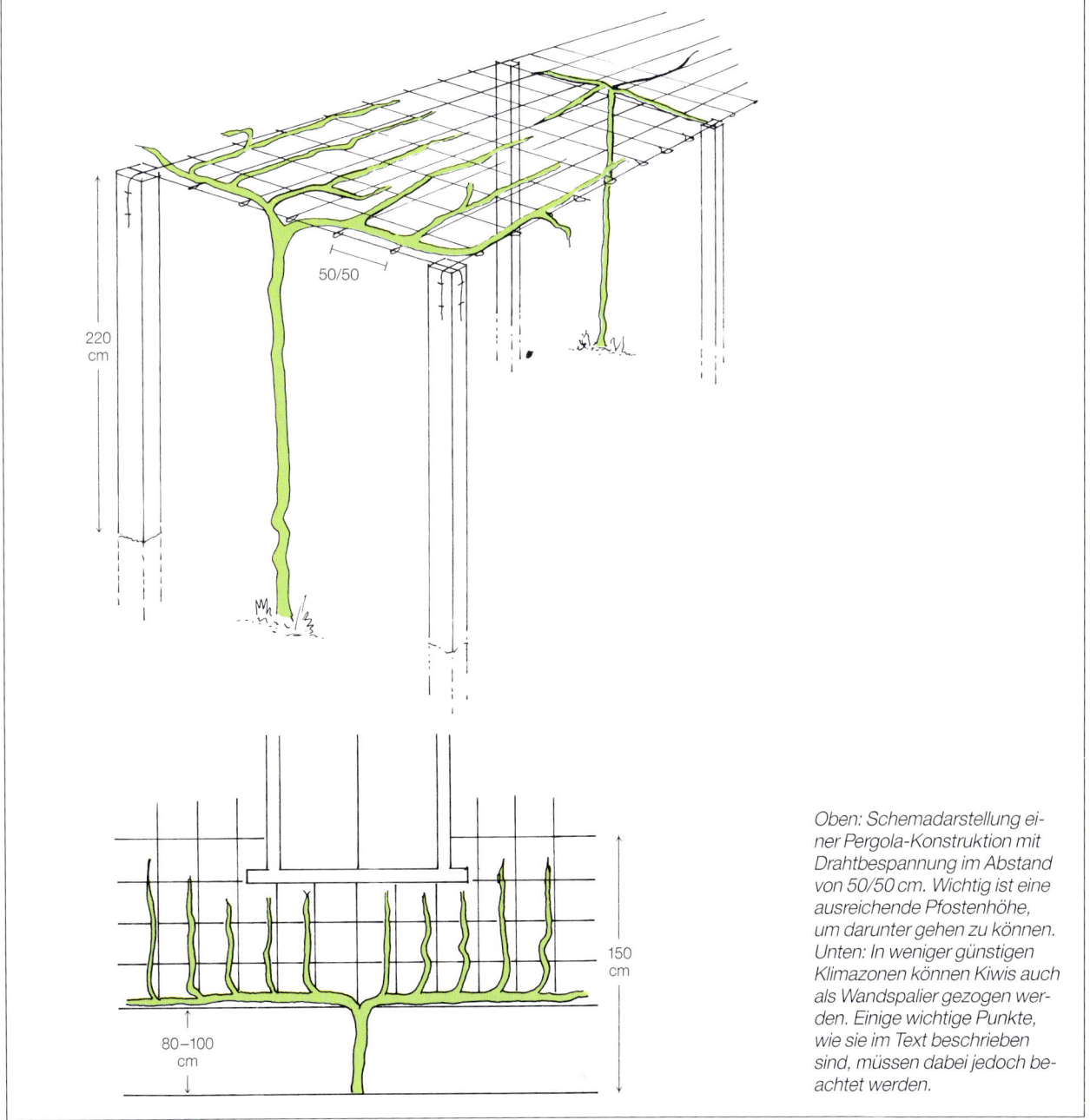

50/50

220
cm

150
cm

80–100
cm

Oben: Schemadarstellung einer Pergola-Konstruktion mit Drahtbespannung im Abstand von 50/50 cm. Wichtig ist eine ausreichende Pfostenhöhe, um darunter gehen zu können. Unten: In weniger günstigen Klimazonen können Kiwis auch als Wandspalier gezogen werden. Einige wichtige Punkte, wie sie im Text beschrieben sind, müssen dabei jedoch beachtet werden.

Pflanzung

Vorüberlegungen

Erst wenn man sich für eine bestimmte Form und Größe der Kiwi-Anlage entschieden hat und die vorbereitenden Arbeiten durchgeführt sind, kann gepflanzt werden. Diese Vorbereitungsarbeiten sind eine wichtige Voraussetzung für einen guten Ertrag und für gesunde, widerstandsfähige Pflanzen und müssen eine Saison, besser ein Jahr vor der Pflanzung vorgenommen werden.

Windschutzhecke. Liegt der Garten in einem windoffenen Gelände, sollte eine Hecke zum Schutz angelegt werden. Rasch wüchsige Pflanzen und solche, die keine Wurzelausläufer bilden, eignen sich recht gut dafür. Um schon der jungen Kiwi-Anlage ausreichend Schutz zu bieten, ist es vorteilhaft, die Windschutzhecke mindestens eine Saison vorher zu pflanzen. Je nach persönlichen Vorstellungen kann man sich für eine freiwachsende oder geschnittene Hecke entscheiden. Zu bevorzugen sind immer Pflanzen, die sich in die Landschaft oder das Gartenbild natürlich einfügen und in der jeweiligen Anbauzone heimisch sind. Nur solche Pflanzen wachsen problemlos. Zu beachten ist bei der Anlage, daß die Gehölze möglichst keine einheitliche Höhe und nicht völlig geschlossen stehen, damit der Wind hindurchstreichen kann. Die Geschwindigkeit des Windes wird dabei herabgesetzt und Wirbelbildungen an der Windschattenseite verhindert.

Wer eine Hecke aus blühenden Sträuchern möchte, sollte darauf achten, daß diese nicht zur gleichen Zeit wie die Kiwi-Pflanzungen blühen. Ansonsten könnten die Bienen zu stark abgelenkt werden, was sich wiederum nachteilig auf die Befruchtung der Actinidien auswirken kann (vgl. S. 19).

Bodenvorbereitung. Hat man sich für einen Standort für die Kiwi-Pflanzung entschieden, muß zunächst der Boden aufbereitet werden. Ist dieser stark wasserführend oder sehr verdichtet, muß dräniert werden. Je nach Beschaffenheit und Untergrund des Bodens sind die Rohre 60–80 cm tief zu verlegen. Im Zweifelsfalle sollte man sich immer für eine Dränage entscheiden. Eine Verlegung nachträglich ist ohne Schädigung der Wurzeln kaum noch möglich.

Idealerweise setzt man eine 2jährige Container-Pflanze mit einem guten Wurzelballen.

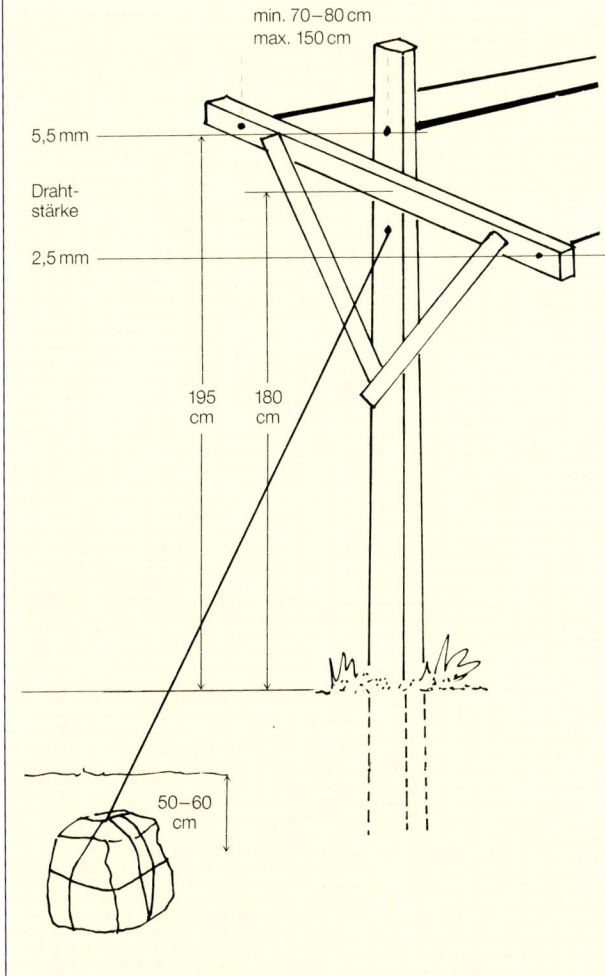

min. 70–80 cm
max. 150 cm

5,5 mm

Draht-
stärke

2,5 mm

195
cm

180
cm

50–60
cm

Das Stützmaterial einer Kiwi-Anlage muß ausreichend stabil sein, um später das Gewicht der Früchte tragen zu können. Die Pfosten sind daher gut im Boden zu verankern.

Da die Wurzeln der Actinidien in die Breite wachsen, muß auch die Umgebung der Pflanzen vorbereitet werden. Zunächst befreit man den Boden von Wildkräutern und Gräsern, die sich übrigens ausgezeichnet als Kompost eignen. Je nach Struktur muß die Erde 40–60 cm tief abgehoben werden. Sie wird gut mit Kompost und etwas Torf vermischt und wieder auf die vorgesehene Fläche verteilt. Hat der Boden eine gute Gare, ist er also feinkrümelig und locker, braucht er nicht abgeschält zu werden. Er wird nur tiefgründig gelockert und ebenfalls mit Kompost und etwas Torf vermischt. Im Herbst kann zusätzlich noch abgelagerter Rindermist mit Erde vermischt auf die Pflanzfläche gebracht werden.

In jedem Fall ist es gut, die Fläche während des Sommers zu bedecken, um ein Austrocknen der Erde zu verhindern. Gut eignet sich dafür Mulch oder die Aussaat von Gründünger. Letzterer fördert die Bodengare, ist stickstoffsammelnd und gute Bienennahrung. Will man bei größeren Anlagen zwischen den Reihen Rasen anlegen, muß mindestens ein Pflanzstreifen von 1 m Breite nach jeder Seite frei bleiben.

Als Vorkulturen kommen Leguminosen (Hülsenfrüchte) mit ihrer günstigen Wirkung auf die Bodengare in Betracht oder, je nach Beschaffenheit des Bodens, andere Gründüngungspflanzen.

Stützmaterial. Da Actinidien Rankgewächse von langer Lebensdauer sind, muß auch das Stützmaterial äußerst stabil sein. Hier soll man nicht an Materialkosten sparen, weil schlechte Qualität nachträglich nur mit Mühe ausgewechselt werden kann.

Für die Stützpfeiler eignet sich Holz, Eisen oder Stein mit einem Durchmesser bzw. einer Kantenlänge von 10–12 cm und einer Gesamtlänge von ca. 2,80 m. Die Stützen werden je nach Boden 50–60 cm tief in der Erde verankert, wobei sie entweder einzementiert oder an einem Stein befestigt werden. Die Pfosten müssen gegen Fäulnis imprägniert werden. Am besten geschieht dies durch Anbrennen, die billigste und gesündeste Methode. Chemische Holzschutzmittel geben auch für Pflanzen giftige Stoffe ab. Als Draht verwendet man am besten verzinkten Eisendraht; für die Hauptäste ist eine Stärke

Unten: Ein schön gewachsene 2jährige Kiwi.

von 5–5,5 mm am besten, für die Nebenäste reichen 2,5 mm. Gespannt werden die Drähte mit Drahtspannern.

Plastikdrähte sind ungeeignet, weil sie zu weich sind und das Gewicht der Äste mit den Früchten nicht tragen können.

Auswahl der Pflanzen

Actinidien werden im Handel meist als ein- oder zweijährige Containerpflanzen angeboten. Vereinzelt gibt es auch Baumschulen, die Sämlinge anbieten, die dann noch veredelt werden müssen. Einjährige Pflanzen sind noch sehr zart und haben schwache Wurzeln. Man pflanzt sie am günstigsten Anfang bis Mitte Juni. Die Wurzeln können sich dann während des Sommers gut entwickeln. Einjährige Pflanzen bedürfen besonders guter Pflege.

Zweijährige Containerpflanzen sind für eine Neuanlage am vorteilhaftesten. Sie verfügen bereits über ein besseres Wurzelwerk und können sich rascher anpassen. Man kann sie sowohl im Frühjahr als auch im Herbst setzen.

Sämlinge (Wildlinge) sollten einen Stamm von 8–10 cm und einen guten Wurzelballen besitzen. Im Herbst gepflanzt, können sie – wenn sie robust sind – im darauffolgenden Frühjahr veredelt werden. Wildlinge, die sich gut entwickelt haben, tragen dann früher als einjährige Pflanzen. Ein Veredeln von Sämlingspflanzen ist bei Actinidien allerdings sehr schwierig und sollte erfahrenen Gärtnern überlassen werden.

Pflanzzeit

Da Kiwi-Pflanzen in der Regel mit Erdballen verkauft werden, können sie das ganze Jahr über mit Ausnahme des Winters gesetzt werden. Je nach Klimagebiet wird man sich für eine Frühjahrs-, Sommer- oder Herbstpflanzung entscheiden.

Frühjahr. Pflanzungen im Frühjahr sind nur in sehr günstigen Klimagebieten zu empfehlen, beispielsweise in Weingegenden oder in bevorzugten Lagen an Südhängen. Überall dort, wo noch Spätfröste auftreten können, ist eine Pflanzung zu dieser Jahreszeit ungünstig. Junge Pflanzen sind ganz besonders gegen Kälteeinbrüche empfindlich, wie sie im Frühjahr etwa zu den Eisheiligen vorkommen können.

Sommer. Der günstigste Zeitpunkt für eine Kiwi-Pflanzung beginnt nach den Eisheiligen, etwa ab Mitte Mai, besser noch Anfang Juni. Zu beachten ist bei diesem Termin jedoch, daß die Pflanzen nicht direkt vom Gewächshaus ins Freie gepflanzt werden. Wichtig ist es, sie an einem vor Wind und direkter Sonneneinstrahlung geschützten Platz langsam an die neuen Umweltbedingungen zu gewöhnen.

Ist es Ende Mai/Anfang Juni schon sehr heiß, muß gut ange-

gossen werden. Für ein leichtes Dach gegen allzuviel Sonne sind junge Pflanzen dankbar. Zweige ausgeschnittener Ziergehölze eignen sich gut dafür.

Herbst. Die beste Pflanzzeit ist Ende Oktober, wenn das Laub zu fallen beginnt. Die jungen Pflanzen beider Actinidien-Arten müssen nach der Pflanzung gut mit Erde angehäufelt und das Stämmchen mit Stroh, Schilf, Sackleinen und Reisig umwickelt

werden, wobei das gesamte Stämmchen zu schützen ist, um nicht von Anfang an Frostschäden zu provozieren.
Plastikmaterial gehört nicht in den Garten. Es bietet keinen wirksamen Schutz für die Pflanze und birgt zudem auch noch die Gefahr, daß sich zuviel Feuchtigkeit staut, die zu Pilzbefall führen kann.

Pflanzvorgang

Das Pflanzloch sollte mindestens 50 cm tief und 40 cm breit sein. Zuerst gibt man etwas Kompost oder Pflanzerde in die Grube und vermischt mit etwas Dünger, der viel Phosphor und Kali enthält. Die Containerpflanze wird dann aus dem Topf genommen und in das Pflanzloch gesetzt, wobei die Veredlungsstelle oberhalb der Erdoberfläche bleiben muß. Anschließend wird die Pflanze angestäbt. Darauf achten, daß der Stamm gerade wächst und sich nicht um den Hilfsstab schlingt! Danach wird mit lockerer Erde aufgefüllt und sorgfältig angegossen. Keinesfalls einschlämmen, weil Actinidien empfindlich auf zuviel Wasser reagieren. Bei der Herbstpflanzung ist das abschließende Anhäufeln ein Muß, im Frühjahr oder im Sommer kann es auch wegbleiben. Über die richtige Verteilung von männlichen und weiblichen Pflanzen informiert Sie die Tabelle auf S. 37.

Pflanzabstand und Pflanzverteilung	○	●	○	●	○	●
	○	○	○	○	○	○
○ weiblich	●	○	●	○	●	○
● männlich	○	○	○	○	○	○

Das Schema der Pflanzverteilung. Weibliche und männliche Pflanzen müssen in einem bestimmten Rhythmus gesetzt werden, um eine gute Befruchtung sicherzustellen. Am günstigsten ist das Verhältnis 2:1 oder 7:1, je nach Größe der Anlage.

Bewässerung und Bodenpflege

Kiwi-Pflanzen lieben eine hohe Luftfeuchtigkeit und reagieren sensibel auf Trockenheit und Wind. Eine sorgfältige Bewässerung sowohl des Wurzelapparates als auch der oberirdischen Pflanzenteile ist lebensnotwendig und sollte daher mit großer Sorgfalt durchgeführt werden. Anhaltende Trockenheit während des Wachstums führt zu vorzeitigem Blattfall und verminderter Fruchtqualität oder gar zu Fruchtfall. Für die Wurzeln kann ein Mangel an Feuchtigkeit den Tod bedeuten.

Besonders wichtig ist eine gute Verteilung des Wassers sowohl beim Gießen wie im Boden. Je feinkörniger der Boden ist, desto mehr Wasser kann er speichern. Man unterscheidet das Bodenwasser, das überwiegend als winzige Tröpfchen an der Oberfläche fester Bodenpartikel haftet oder in feinen Poren festgehalten wird, vom Grundwasser, das die Hohlräume die Bodens füllt. Der Stand des Boden- wie auch des Grundwassers schwankt je nach Witterung und Jahreszeit. Für die Pflanzen ausgesprochen ungünstig ist die bereits erwähnte Staunässe – sauerstoffarmes Grundwasser, das über einer wasserundurchlässigen Schicht steht. Von den im Boden gespeicherten Wasservorräten ist etwa die Hälfte für die Pflanzen verfügbar, bei Lehm und Sandböden u. U. auch zwei Drittel.

Da Kiwi-Pflanzen dem Boden sehr viel Wasser entziehen und über die Blätter verdunsten, müssen sie zusätzlich mit Wasser versorgt werden. Bei Trockenheit ist in den ersten Jahren nach der Pflanzung 1–2mal täglich eine Bewässerung notwendig, in der Folgezeit genügen Intervalle von 2–3 Tagen. In Gebieten mit längeren Trockenperioden und bei größeren Anlagen ist eine Bewässerungsanlage sinnvoll, am besten eine Beregnungsanlage. Sie liefert bei Bedarf im Kreis, im Viereck und mit Impulsregnern den gewünschten Regen und arbeitet wie eine Klimaanlage, indem sie die Temperatur regelt und die Luftfeuchtigkeit erhöht.

Kronen- und Tröpfchenbewässerung sind die beiden Bewässerungsformen, die sich für Kiwi-Kulturen besonders eignen.

Bei einer Kronenbewässerung müssen die Düsen der Anlage so angebracht werden, daß das Wasser die gesamte Pflanzung erreicht. Der Strahl darf nicht zu scharf eingestellt sein, da die Pflanzen sonst beschädigt werden. Eine solche Anlage ist jedoch relativ teuer und deshalb nur dort ratsam, wo längere Trockenphasen zu erwarten sind.

Die unkompliziertere Tröpfchenbewässerung erfolgt mittels eines Schlauches, der am besten in einer Höhe von 30–40 cm installiert wird und das Wasser in kurzen Intervallen abgibt. Zu beachten ist, daß die Stämme der Pflanzen nicht allzu sehr durchfeuchtet werden, damit keine Pilzinfektion entstehen kann.

Bei ausreichender Bewässerung werden Kiwis so üppig wie die im Bild gezeigte Actinidia arguta. *Der Bewässerungsschlauch verläuft parallel zum unteren Spalierdraht.*

ganz besonders Kiwis, empfindlich darauf reagieren. Eine Bewässerung mit Regenwasser ist in jedem Fall günstiger. Eine Regentonne sollte deshalb in keinem Garten fehlen.

Ähnlich wie bei anderen Obstsorten müssen auch bei Kiwi-Pflanzen Kulturarbeiten durchgeführt werden, um aufkeimende »Unkräuter« zu entfernen bzw. das Keimen aufliegender Samen zu unterbinden, und um die Oberflächenstruktur zu verbessern, damit Nahrung und Feuchtigkeit im Boden besser gespeichert werden können. Bei den Pflegearbeiten ist immer zu berücksichtigen, daß die Wurzeln der Actinidien nur knapp unter der Bodenoberfläche liegen und gröbere Hackarbeiten eher Schaden als Nutzen bringen.

Um nun die so geliebten »Unkräuter« gar nicht erst aufkommen zu lassen, wird die Pflanzscheibe mit Mulch bedeckt. Diese Form der Abdeckung ist ideal, weil unerwünschtes Wachstum unterbunden wird, und im Laufe der Zeit durch die Arbeit der Regenwürmer aus dem Mulch Humus entsteht. Zudem verhindert Mulch die Austrocknung des Bodens und bildet Schutz vor Verschlämmung nach starken Regenfällen. Wertvoller Mutterboden bleibt auf diese Weise erhalten. Bei naßkalten Böden ist es ein zusätzlicher Vorteil, daß Mulch den Boden warm hält. Sobald die Mulchschicht verrottet ist, kann der Boden flach gehackt werden. Dadurch wird die Luftzirkulation gefördert und der Boden wird mit Sauerstoff versorgt. Danach wird die Fläche erneut bedeckt. Für den Gartenbesitzer bedeutet diese Art der Bodenpflege den geringsten Arbeitsaufwand bei besten Ergebnissen.

Als Mulch eignen sich:

Rasenschnitt ohne Samenstände
Schnitt von Wildkräutern
Laub (kein Eichenlaub, weil dieses zu langsam verrottet)
Kartoffelkraut
Blätter von Gemüsebeeten
Erbsenstroh
Stroh (mit Vorsicht zu verwenden, weil die meisten Getreidefelder heutzutage mit Pestiziden besprüht werden!)

In einem normalen Hausgarten mit nur wenigen Pflanzen kann auch ein Schwenkregner verwendet werden. Es gibt auf diesem Gebiet mittlerweile recht gut entwickelte Geräte, bei denen man den Feuchtigkeitsgehalt z. T. sogar per Computer steuern kann.

Gleichgültig für welche Form der Bewässerung man sich entscheidet, es ist immer zu bedenken, daß das Leitungswasser mehr oder weniger kalkhaltig ist und fast alle Pflanzen, aber

Winterschutz

Links unten: Vorbeugender Winterschutz mit dickem Rupfen bis zu einer Höhe von 60 cm.

Die beiden Kiwi-Arten *Actinidia chinensis* und *Actinidia arguta* unterscheiden sich in ihrer Frostempfindlichkeit. *A. arguta*, deren Ursprung im nördlichen Asien liegt, ist bedeutend frosthärter als *A. chinensis*. Dennoch empfiehlt sich für beide Pflanzenarten ein ausreichender Winterschutz.

Obwohl *A. chinensis* während der Ruhepause Temperaturen bis zu maximal −14°C ohne Schaden überstehen, können langanhaltende Fröste die Triebe, Knospen und auch das Innere der Pflanze schädigen. Junge Pflanzen sind besonders empfindlich. Da bei uns in Mitteleuropa solche Frosttemperaturen in jedem Winter auftreten, ist ein sorgfältiger Schutz gegen die Kälte unerläßlich.

Die Wurzeln schützt man am besten durch Anhäufeln mit

Unten: Schnee schützt zwar etwas vor der Winterkälte. Auf ausreichenden Winterschutz kann aber trotzdem nicht verzichtet werden.

Erde oder gut verrottetem Kompost. Verwendet man Torf, so muß dieser mit Erde vermischt werden, weil reiner Torf nicht warm genug hält und im Laufe des Winters abgeweht werden könnte. Angehäufelt wird mindestens 60 cm hoch. Zum Schutz vor Wintersonne und Wind wird anschließend mit Reisig abgedeckt. Abgehäufelt wird erst, wenn kein Bodenfrost mehr zu erwarten ist.

Der Stamm wird mit Stroh, Schilf oder Reisig umwickelt. Keine Plastikfolie verwenden, weil sich darunter an sonnigen Tagen eine Wärmeglocke bildet, die Temperatur jedoch nachts wieder abkühlt. Solche starken Schwankungen zerstören das Gewebe der Pflanze und führen zum Erfrierungstod.

Für die Rinde ist das Einstreichen mit Rindenpflegemitteln ein hervorragender Schutz gegen starke Temperaturschwankungen, wie sie an sonnigen Tagen des Spätwinters auftreten. Die Pflegemittel halten die Rinde elastisch und reflektieren die UV-Strahlen. Zudem schützen sie vor Schadinsekten. Keinen Kalkanstrich vornehmen!

Spätfröste, die im Frühjahr auftreten, beschädigen vor allem die jungen Knospen und Triebe. Dringt Frost bis ins Pflanzenmark vor, kann er Knochenbrand verursachen. Eine Abhilfe dagegen bietet nur das Anzünden eines Feuers, wie es auch im Weinbau üblich ist. Wenn es die Anlage zuläßt, können auch Schilfmatten kurzfristig als Abdeckung dienen. Von einer Erwärmung der umgebenden Luft mit einer Beregnungsanlage ist abzuraten, weil das Risiko der Eisbildung zu hoch ist.

Bei *A. arguta* ist die Gefahr, daß die Wurzeln Schaden nehmen, kaum gegeben. Diese Art verträgt während der Ruhepause im Winter Temperaturen bis zu −30°C. Junge Pflanzen sollten trotzdem angehäufelt werden, weil das Stämmchen noch zu dünn ist und starke Temperaturschwankungen nicht gut verträgt. Junge Pflanzen haben eine besonders empfindliche Rinde. Gegen Spätfröste sind vor allem die Sprossen von *A. arguta* anfällig. Als Schutzmaßnahmen bieten sich die gleichen wie bei *A. chinensis* an.

Düngung

Eine regelmäßig und sorgfältig gedüngte Pflanze bringt auch einen hohen Ertrag.

Kiwi-Pflanzen sind rasch wachsende Kletterer mit einem jährlichen Zuwachs bis zu 4 m und mehr. An einem für sie angenehmen Standort bringen sie zudem noch einen hohen Ertrag. Eine regelmäßige Versorgung mit Nährstoffen durch gezielte Düngung ist also erforderlich.

Je stärker der klimatische Unterschied zwischen dem Ursprungsland und dem geplanten Standort ist, desto resistenter muß die Pflanze gegenüber Umwelteinflüssen sein und desto nahrhafter der Boden, um einen Ausgleich zu schaffen. Mangelerscheinungen an der Pflanze sind fast immer auf unzureichenden Boden zurückzuführen. Wer das vermeiden will, muß sorgfältig und umweltbewußt düngen – erstmals bei der Pflanzung, um der Pflanze eine gewisse Nahrungsreserve zur Verfügung zu stellen, später dann jährlich, um die vegetative Entwicklung zu fördern und die Bodenfruchtbarkeit zu erhöhen.

Düngung bei der Pflanzung

Die erste Düngung – sofern man in dieser Phase schon von Düngung sprechen will – erfolgt beim Pflanzvorgang. Auf den Boden der Pflanzgrube gibt man ca. 2 Schaufeln gut verrotteten, gesiebten Gartenkompost – am besten kalkfreien Laubkompost. Ist dieser nicht vorhanden, nimmt man im Handel üblichen organischen Dünger, der viel Phosphor und Kali enthält. Diese beiden Elemente, vor allem Kali, hemmen die Wasserabgabe der Erde und schützen dadurch die Pflanze vor Dürre und Frostschäden. Den Dünger an der Oberfläche auszubringen, ist nicht zu empfehlen, denn Phosphor und Kalium werden von den Mikroorganismen im Boden nur langsam in Nährstoffe umgewandelt und würden nur sehr langsam in untere Bodenschichten gelangen. Stickstoffhaltige Dünger sollten in dieser Phase nicht verwendet werden, da der Stickstoff den sogenannten Geilwuchs verursacht und die Pflanze krankheitsanfällig macht.

Jährliche Düngung

Je nach Bodenbeschaffenheit, Alter, Zustand und Produktivität der Pflanze muß die jährliche Düngung vorgenommen werden. In den ersten 2–3 Jahren nach der Pflanzung ist vor allem eine Stickstoffdüngung angezeigt, damit die Pflanze ihr Blattwerk

entwickeln kann. Der Bedarf an Phosphor und Kali ist eher gering. Selbstverständlich muß eine Düngung immer den Bodenverhältnissen angepaßt werden; bei leichten sandigen Böden etwa wird die Menge um ca. 15–20% erhöht. Allerdings ist es sehr schwierig, Richtmengen anzugeben, denn jeder Boden ist anders zusammengesetzt. Ideal ist ein Verhältnis von 3:1:2 zwischen Stickstoff (N), Phosphor (P) und Kalium (Ka).

Erfahrungsgemäß gibt man Stickstoff am besten auf 3–4 Gaben verteilt während der Wachstumszeit, Phosphor und Kalium vorzugsweise im Herbst. Gedüngt wird erstmals bei Beginn des Wachstums, das zweite Mal vor Blühbeginn und noch zweimal bis Mitte August. Danach sollte eine Stickstoffdüngung vermieden werden, damit nicht zuviel Triebe produziert werden, die dann vor Winterbeginn nicht mehr ausreifen können.

Während bis zum 3. Jahr einschließlich die Düngemittel unmittelbar auf die Pflanzscheibe – nicht an den Stamm – gestreut werden, verteilt man sie in den darauffolgenden Jahren auf die gesamte Pflanzfläche.

Düngemittel

Im Volksmund unterscheidet man meist zwischen Kunstdüngern und Naturdüngern. Genauer wäre eine Unterscheidung zwischen anorganischen oder Mineraldüngern und organischen Düngern.

Wie der Name schon sagt, stammt der organische Dünger aus Resten organischen Lebens, während Mineraldünger überwiegend aus zerkleinertem Gestein besteht. Letzterer wird heute überwiegend industriell hergestellt, obwohl es anorganischen Dünger natürlicher Herkunft schon lange vorher gab (Holzasche, Mergel, Gips).

Die im Handel erhältlichen Kunstdünger werden meist in Form von Mineralsalzen angeboten. Diese chemisch hergestellten Nährsalze sind nur in Verbindung mit Wasser wirksam. Sie werden von den Pflanzen rasch aufgenommen. Bei ständiger und intensiver Gabe von chemischen Düngern besteht daher die Gefahr, daß die Pflanze sich an diese Form der Nahrung gewöhnt und nicht mehr in der Lage ist, sich selbst Nährstoffe zu suchen. Die Arbeit der Wurzeln wird überflüssig, sie stellen ihre Tätigkeit ein. Regenwürmer und Mikroorganismen verschwinden. Die Bodenstruktur verändert sich.

Durch die stimulierende Wirkung der Mineralsalze auf das Wachstum der Pflanze ist ein erhöhter Humusverbrauch die Folge. Da Mineraldünger aber nicht humusbildend sind, müssen zusätzlich organische Substanzen zugeführt werden.

Ein ganz wichtiger negativer Faktor ist vor allem, daß Mineral-salze nicht festgehalten werden können und in untere Bodenschichten gelangen. Dort gefährdet die Salzkonzentration den Grundwasserhaushalt von Mensch und Tier.

Organische Düngemittel hingegen wirken auf das Leben im Boden. Sie sind anregend für die Bodenbakterien und Mikroorganismen. Gemeinsam mit Kleinlebewesen sind organische Dünger humusbildend. Im Gegensatz zu Mineraldüngern werden die Nährstoffe langsam aufbereitet und der Pflanze bei Bedarf angeboten. Organisch gedüngte Böden werden nicht so rasch ausgewaschen. Dies ist besonders bei leichten, sandigen Bodenstrukturen wichtig.

Mit Natürdüngern versorgte Pflanzen wachsen gesund und sind weniger anfällig gegenüber Krankheiten und Schädlingen. Die Früchte sind geschmackvoller und länger haltbar.

Ideale organische Düngung ist Kompost. Darin sind alle wichtigen Nährstoffe in guter Mischung enthalten.

Die Inhaltsstoffe verschiedener organischer Dünger zeigt die Tabelle auf S. 46. Neben der dort aufgeführten stickstoffreichen Brennesseljauche sind auch Beinwell- oder Comfreyjauche (stickstoff- und kalireich) und Farnkrautjauche (kalireich) als organische Dünger geeignet; sie haben vor allem eine humusbildende und schädlingsabwehrende Wirkung.

Hauptnährstoffe und ihre Bedeutung für Kiwis

Zu den Hauptnährstoffen zählt man im allgemeinen 4 Substanzen:

Stickstoff (N) fördert das Wachstum der Blätter und Triebe. Er ist wichtig zur Bildung lebenswichtiger Eiweißverbindungen der Pflanze. Die Pflanzen haben im allgemeinen ein sehr gutes Aufnahmevermögen für Stickstoff.

Überdüngung verursacht zu rasches Wachstum, schwaches Gewebe und krankheitsanfällige Pflanzen. Bei zu starken Gaben kann es auch zu Verbrennungen kommen. Ein Mangel an Stickstoff zeigt sich an gelblichen Blättern, ist aber äußerst selten.

Stickstoffdünger sind organische Handelsdünger wie Hornspäne und Blutmehl und Rindermist. Letzterer hat eine ideale Zusammensetzung.

Phosphor (P$_2$O$_5$) fördert vor allem die Blüten- und Fruchtbildung und ist notwendig für den Zellaufbau. In humusreichen Böden ist Phosphor meist ausreichend vorhanden.

Überdüngung führt zu Wachstums- und Stoffwechselstörungen. Spurenelemente wie Eisen und Kupfer können nicht mehr aufgenommen werden. Mangel an Phosphor beeinträchtigt die Wurzelbildung, der Fruchtansatz ist gering und die Blätter verfärben sich rötlich.

Phosphordünger sind Knochenmehl, Thomasmehl (nur über Kompost anzuwenden!), Geflügelmist und Guano.

Kalium (K$_2$O) fördert die Wurzelbildung, die Festigkeit der Pflanze, ihre Widerstandsfähigkeit sowie die Kälteresistenz. Kali verhindert bzw. hemmt die Wasserabgabe des Bodens und schützt daher vor Austrocknen. In lehmhaltiger Erde ist Kali meist reichlich vorhanden, hingegen herrscht bei sandigen Böden meist ein Mangel. Kalium ist nicht immer in einer für die Pflanze aufnehmbaren Form vorhanden. Mikroorganismen helfen beim Aufschluß dieser Reserven.

Kalidünger sind Blutmehl, Laubkompost, Holzasche von Laubholz und Kalimagnesia, ein stark saurer wasserlöslicher Dünger, der nur in kleinen Mengen verwendet werden soll.

Ein Überdüngen verursacht Wachstumshemmungen. Im Boden entsteht Magnesium und Kalkmangel. Bei Mangel an Kali wachsen die Pflanzen nicht gut, die Blätter werden an den Rändern braun und sterben ab.

Kalk bindet Säuren im Boden. Durch einen hohen Kalkanteil wird Kalium im Boden verdrängt. Kiwi-Pflanzen reagieren negativ auf einen zu hohen Kalkgehalt im Boden und bekommen Chlorose, die sich darin zeigt, daß die Blätter vom Blattrand und den Nerven ausgehend gelb werden (s. S. 51).

An Spurenelementen sind für Kiwis besonders Eisen, Magnesium und Kupfer von Bedeutung. Sie werden aber nur in geringen Mengen benötigt.

Zusammensetzung organischer Dünger (in Prozenten)

Düngemittel	Stickstoff	Phosphor	Kali	Kalk	Magnesium
Rizinusschrot	5	2,5	1,5	–	–
Rindenkompost	0,06	0,005	0,05	0,6	–
Grünalgen-Pulver Konzentrat	0,9	0,14	1,9	1,2	1,0
Brennesseljauche 10%ig	⌐0,07	0,003	0,021	0,026	–
Trockensubstanz	23,3	1,07	7	8,76	2,6
Fichtenholzasche	–	5,9	11,5	44,9	–
Guano	6	12	2	12	1
Hühnermist, getrocknet	3–4	3–5	2–3	7–14	1–3
Rinderdung, getrocknet	1,6	1,5	4,2	4,1	–
Pferde-/Schafdung-Mischung, getr.	4,5	0,8	2,6	2,9	0,3
Tiermehl	8	12–32	phosphorsaurer Kalk		
Blutmehl	12	1,5	0,8	1	–
Hornmehl	10–12	–	–	–	–
Hornspäne	14	–	–	–	–
Knochenmehl, gedämpft	4–5	18–22	0,2	27	–
Mischdünger Oscorna	6	9	1	–	–

Düngungsmengen in g pro Pflanze

	Stickstoff	Phosphor	Kalium
1. Jahr	40– 50	20– 30	30– 40
2. Jahr	50–100	50– 70	70– 90
3. Jahr	100–150	70– 90	90–100
4. Jahr	150–200	90–110	110–130
5. Jahr	200–250	110–130	130–150
6. Jahr	250–300	130–150	150–180
7. Jahr und folgende	300–400	150–200	180–250

Schnitt

Die Zeichnungen zeigen die Schnittphasen im 1., 2. und 3. Jahr, wie sie bei Kiwi-Pflanzen durchzuführen sind.
S = Sommerzeit
W = Winterschnitt
E = Ersatztrieb

Actinidien sind starkwüchsige Kletterpflanzen, die, um einen guten Ertrag zu bringen, geschnitten werden müssen. Man unterscheidet den Erziehungsschnitt, der sich nach der gewünschten Form richtet, vom Produktionsschnitt, der bei Beginn der Ertragsreife einsetzt und das Ziel hat, die Qualität und Quantität der Früchte zu regulieren. Die Schnittarbeiten werden zweimal jährlich durchgeführt: während der Wachstumszeit im Sommer (Juli bis Mitte August) und gegen Ende des Winters,

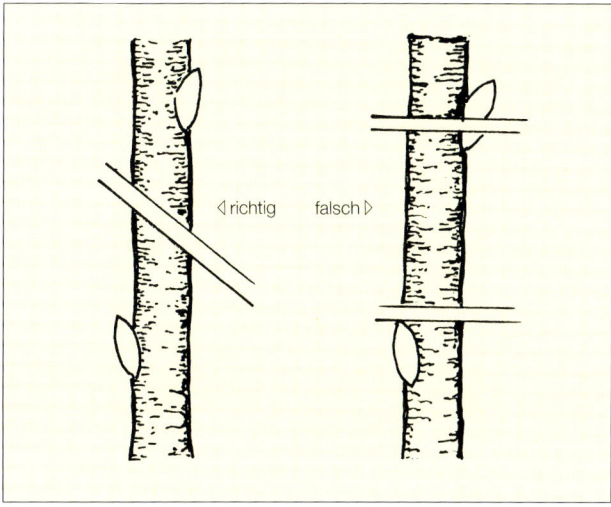

⟨ richtig   falsch ▷

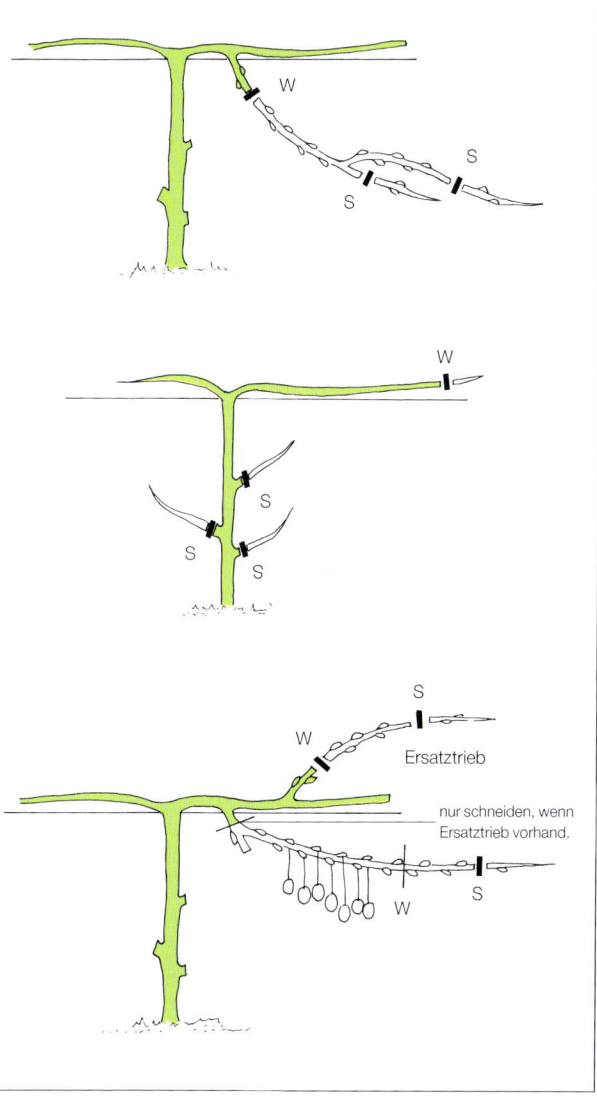

Ersatztrieb

nur schneiden, wenn Ersatztrieb vorhand.

etwa von Mitte Februar bis Mitte März. In milden Gegenden sollte der Schnitt Ende Februar beendet sein, da Kiwi-Pflanzen einen sehr starken Saftdruck haben und daher bei einem zu späten Schnitt leicht ausbluten können. Bei einem früheren Termin ist die Gefahr des Frosteintritts zu hoch.

Die Schnittechnik ist – das Wandspalier ausgenommen – bei allen Anbauformen gleich.

1. Jahr

Im 1. Vegetationsjahr wird der Stamm so geleitet, daß er am oberen Draht befestigt werden kann. Entwickelt sich ein zweiter kräftiger Trieb, so wird er in entgegengesetzter Richtung ge-

Etwas komplizierter ist der Schnitt bei einem Wandspalier. Die Zeichnungen sind von links nach rechts zu lesen. Gezeigt ist der Schnitt im 1., 2. und 3. Jahr (Sommer links, Winter rechts).

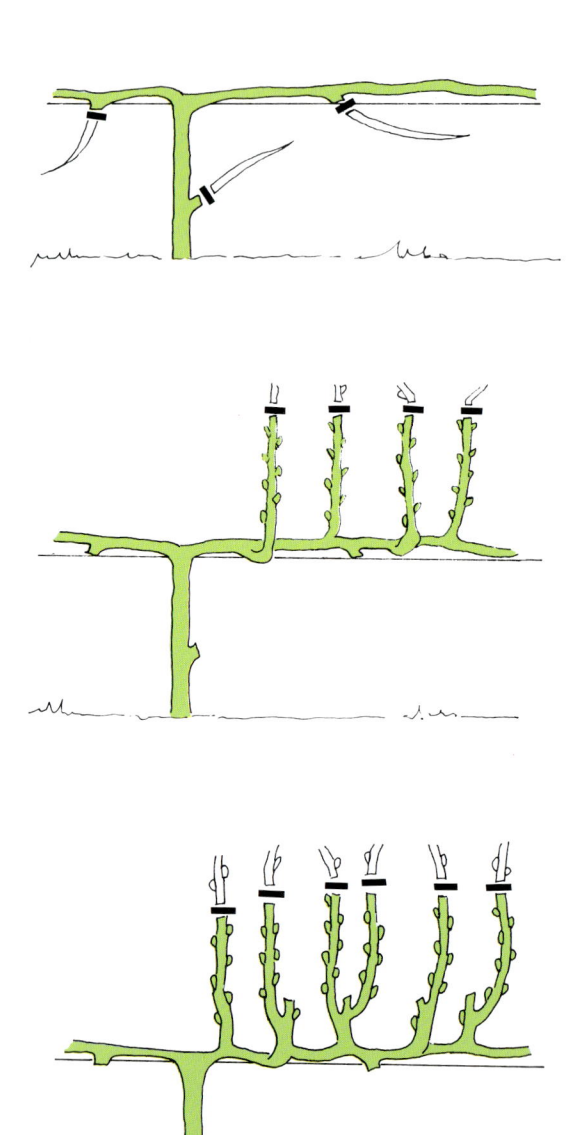

bunden. Aus diesen beiden Leitästen entspringen die Jahrestriebe. Die übrigen Basistriebe werden entfernt.

Im folgenden Winter werden nur schwache Äste entfernt und die Jahrestriebe im rechten Winkel an den äußeren Draht geheftet.

2. Jahr

Beim Sommerschnitt werden die Jahrestriebe auf 8 Augen gekürzt. Wasserschosse und überflüssige Triebe entfernt man. Ein Schlingen der Triebe ist zu vermeiden, deshalb sollten sie immer sorgfältig festgebunden werden.

Sprossen, die sich aus den letzten 2 Augen vor der Schnittstelle entwickeln, werden wiederum auf 4–5 Augen gekürzt. Bei starkem Wachstum kann dieser Vorgang mehrmals wiederholt werden. Der Abstand der Zweige sollte 30–40 cm betragen.

Im Winter werden alle Triebe, die aus dem Kordon wachsen und schon während des Sommers gekürzt wurden, nochmals auf 2–4 Augen zurückgenommen. Aus diesen Augen bildet sich im folgenden Jahr das Fruchtholz.

3. und folgende Jahre

Während des 3. Jahres erfolgt der Schnitt der fruchttragenden Langtriebe. Diese werden auf 6–8 Augen oberhalb des letzten Fruchtansatzes gekürzt (Fruchtknospen sind im allgemeinen die ersten 3–7 Knospen).

Wenn aus der Basis des Leitastes neue Fruchttriebe gesprossen sind, werden diese auf eine Länge von etwa 80 cm gekürzt und sorgfältig behandelt. Sie bilden die Ersatztriebe für das Fruchtholz im kommenden Jahr. Triebe, die in der Nähe des Schnittpunktes gesprossen sind, werden bis auf wenige Augen gekürzt.

Mit dem Schnitt im folgenden Winter entfernt man die abgetragenen Fruchtruten und schneidet den Ersatztrieb auf 2–4 Augen zurück. Konnte kein neues Fruchtholz gezogen werden, wird der alte Fruchtzweig auf 2 bzw. 4 Augen oberhalb der letzten Frucht gekappt. Man sollte aber spätestens nach 2 Jahren einen Ersatztrieb herangezogen haben, aus dem neues Fruchtholz entstehen kann.

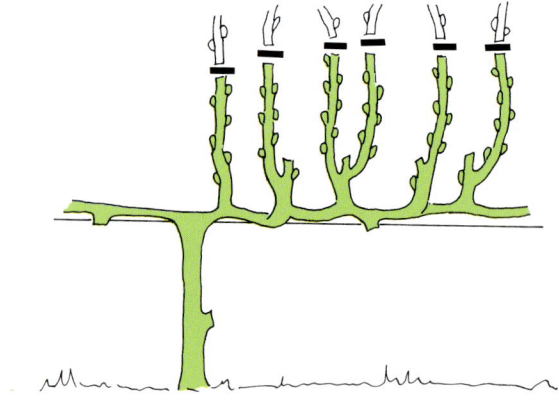

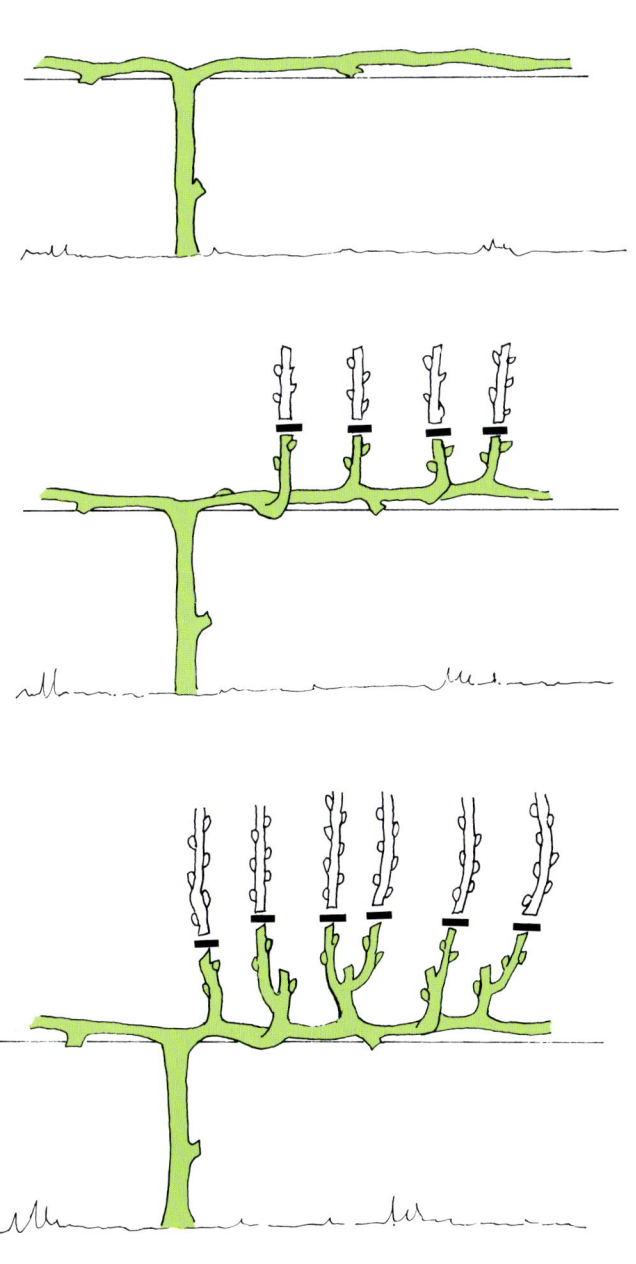

Wandspaliere

Bei einem Wandspalier trachtet man danach, möglichst viel Platz für die Fruchtruten zu behalten. Der Stamm wird daher während der Vegetationszeit des 1. Jahres nur bis zu einer maximalen Höhe von 100 cm gezogen, dann gebeugt und an den gespannten Draht geheftet.

Beim Sommerschnitt wird dieser Trieb auf 6–8 Augen gekürzt. Sollte sich während dieser Vegetationsperiode ein zweiter Leitast entwickeln, so wird dieser zur anderen Seite des Spaliers gebeugt und ebenso geschnitten. Alle schwachen und überflüssigen Triebe werden entfernt. Im Winter wird nur Schwaches ausgelichtet.

Im 2. Jahr wachsen aus den Leitästen Seitentriebe, die senkrecht gezogen werden müssen. Beim Sommerschnitt werden diese auf ca. 100 cm gekürzt; überflüssige Triebe sollte man eliminieren. Beim folgenden Winterschnitt werden die Seitentriebe dann unter günstigsten Bedingungen auf 1–2, bei Gefahr von Frost auf 3–4 Augen gekappt.

Während des Sommers des 3. Jahres entstehen neue Triebe, die wiederum auf ca. 100 cm begrenzt werden. Entwickelt sich aus der Basis des Leitastes ein neuer Trieb, so ist dieser als Ersatztrieb zu ziehen und auf ebenfalls 100 cm einzukürzen. Alle übrigen Sprossen werden entfernt.

Beim Winterschnitt wird bis auf 1–2 bzw. 3–4 Augen zurückgeschnitten. Schwache Zweige sollten immer ausgelichtet werden. Unter der Voraussetzung, daß ein geeigneter Ersatztrieb vorhanden ist, können auch die abgetragenen Fruchtruten entfernt werden.

Zusammenfassend kann man sagen, daß ein Wandspalier doch ein bißchen mehr Mühe macht, weil die Triebe der Kiwi-Pflanzen sehr früh zu schlingen beginnen. Es ist daher ganz besonders wichtig, daß die Äste immer wieder sorgfältig beigeheftet werden.

Der Schnitt der männlichen Pflanzen kann rigoroser durchgeführt werden, denn hier ist ja gar kein Fruchtertrag möglich. Gleich nach der Blüte wird stark zurückgeschnitten, denn den Pflanzen braucht nicht so viel Platz eingeräumt zu werden. Der Schnitt erfolgt nach demselben Prinzip wie bei den weiblichen Pflanzen.

Schädlinge
und Krankheiten

Selbstverständlich sind auch Pflanzen wie Actinidien nicht völlig schädlingsresistent. Ihre Anfälligkeit ist jedoch sehr gering. Nur wenn Kiwi-Pflanzen in Monokultur gedeihen – wie in den Hauptanbaugebieten Neuseeland, Italien und Frankreich – treten eine ganze Reihe verschiedener Schädlinge auf, denen mit entsprechenden chemischen Mitteln der Garaus gemacht wird. Ein Grund mehr, sich Kiwis in seinem eigenen Garten zu ziehen! Für den Hobby-Gärtner spielt die Schädlingsbekämpfung nur eine geringe Rolle. Trotzdem sind die wichtigsten Krankheiten und Plagegeister hier erwähnt.

Krankheiten bei ungünstigen Umweltbedingungen
Hier finden sich wohl die häufigsten Ursachen für Mißerfolge in der Kiwi-Anpflanzung. Bei entsprechender Sorgfalt und Vorsorge lassen sich diese Probleme aber zumeist vermeiden.

Vertrocknen und Blattfall sind im allgemeinen nicht die Ursache von Parasiten, sondern vor allem auf äußere Umstände wie austrocknende Winde und Trockenperioden zurückzuführen. Die Krankheit zeigt sich in einer bleiernen Verfärbung der Ränder. Der Blattrand verdörrt oder es gibt Brandflecken. In starken Fällen kann es zu Blattfall kommen.

Um diesen Schaden zu verhindern, ist auf eine gleichmäßige Luftfeuchtigkeit zu achten, eventuell eine Kronenbewässerung zu installieren. Auch ein Schutzdach aus einem netzartigen Gewebe ist von Nutzen.

Fröste sind wohl die häufigste Schadursache in mitteleuropäischen Anbaugebieten. Sie können die Pflanze in ihren verschiedenen Entwicklungsstadien mehr oder minder beeinträchtigen. In extremen Fällen stirbt die Pflanze ab.

Frühe Herbstfröste sind in erster Linie für die Früchte gefährlich, die je nach Sorte im Spätherbst (Oktober/November) reifen. In exponierten Lagen kann es dann schon zu den ersten Nachtfrösten kommen. Hält dieser Frost längere Zeit an, nehmen die Früchte Schaden, auch wenn es nur wenige Grade unter Null sind; sie reifen nicht völlig aus, bleiben klein, werden schwarz und die Schale wird zerstört. Tritt der Frost nur während der Nacht auf, kann die Pflanzung mit Schilfmatten oder

Jute abgedeckt werden, um die Früchte zu retten. Bei Dauerfrost hilft nur, alle Früchte abzuernten und die größeren, ausgereifteren sorgfältig gelagert etwas nachreifen zu lassen. Die Früchte sind allerdings nicht lagerfähig.

Fällt das Thermometer im Winter für längere Zeit unter −15°, ist bei A. chinensis mit ernsthaften Schäden an den Pflanzen zu rechnen. Frostschäden zeigen sich an mehr oder weniger tiefen Rissen an der Rinde. Besonders schlimm ist es, wenn das Fruchtholz betroffen ist. Nach einiger Zeit werden dann die Triebe braun. Den Winterschutz sollte man deshalb auf jeden Fall erst dann entfernen, wenn keine Fröste mehr zu erwarten sind.

Spätfröste sind, wie schon betont wurde, für beide Arten gleichermaßen gefährlich. Da bei den Actinidien der Saftanstieg und das damit verbundene Sprossen der jungen Triebe sehr

*Links: Sonne kann auch Scha-
den anrichten, wie im Bild
deutlich am vertrockneten
Blattrand zu erkennen ist.*

*Unten: Spätfröste können den
jungen Austrieb gefährden.*

früh einsetzt, können durch Temperaturen unter dem Gefrier-
punkt die Augen, Knospen oder Jungtriebe beschädigt werden. Je nach dem, wie tief die Temperatur sinkt oder wie lange
der Frost anhält, werden die Pflanzen mehr oder weniger
geschädigt. Einen Schutz gegen Spätfröste gibt es, wie schon
gesagt, kaum. Durch Aufstellen von Schilfmatten oder Abdek-
ken mit Jutesäcken kann die Gefahr immerhin etwas gemildert
werden.

Wind kann ein Zerreißen der Blätter verursachen, junge Sprossen abbrechen und zu Fruchtfall führen. Die Pflanze trocknet
aus. Auch während der Blütezeit ist starker Wind schädlich. Die
Staubgefäße vertrocknen sehr rasch und der Insektenflug ist
eingeschränkt. Abhilfe können in erster Linie Windschutz-
hecken schaffen (siehe S. 36).

Hagel kann sowohl Blätter, Blüten als auch Früchte schädigen.
Ein feinmaschiges Netz oberhalb der Kiwi-Kultur ist ein guter
Schutz.

Chlorose ist eine der häufigsten Krankheiten bei den Kiwi-
Pflanzen. Sie zeigt sich durch das Ausbleichen des Laubes.
Ausgehend vom Blattrand und den Nerven beginnen die Blätter
gelb zu werden, vertrocknen und fallen ab. Die Assimilation
funktioniert nicht mehr und die Pflanze ist in ihrer Nahrungsauf-
nahme gestört.

Für Chlorose gibt es verschiedene Ursachen. Der Haupt-
grund liegt meist in dem zu hohen Kalkanteil des Bodens. Die
Pflanze kann kein Eisen und Magnesium mehr aufnehmen,
denn beide Elemente werden durch Kalk am Boden gebunden.
Weitere Ursachen können aber auch in einem schlecht gepfleg-

ten Boden in Staunässe oder zu starken Temperaturschwankungen bestehen.

Zur Vorbeugung und zum Schutz können Laubkompost, der viele Mikroorganismen enthält, oder Torf auf den Boden ausgebracht werden. Chemische Präparate helfen zwar kurzfristig, wenn sowohl der Boden damit geimpft als auch die Pflanze gespritzt wird. Langfristig bringen sie allerdings keine Lösung. Das Ziel muß vor allem nicht mehr Eisen, sondern weniger Kalk sein.

Schäden durch Pilzbefall

Von Bedeutung sind vor allem zwei Krankheiten:

Kragenfäule (Phytophthora) wird durch einen Pilz ausgelöst und tritt hauptsächlich am Wurzelhals auf. Wenn sie auf den Wurzelbereich übergeht, kann sie auch zu Knochenbrand führen.

Vorbeugende Maßnahmen bestehen darin, auf einen gesunden, humusreichen Boden zu achten und Staunässe zu vermeiden. Mit Gesteinsmehl kann man stäuben, in schweren Fällen auch mit Bio-S-Lösung spritzen. Den Stamm bei den Pflegemaßnahmen nicht schädigen!

Ist eine Pflanze einmal infiziert, kann die Krankheit nur noch chemisch bekämpft werden. In vielen Fällen wird es dann besser sein, die kranke Pflanze durch eine gesunde zu ersetzen.

Grauschimmel (Botrytis) wird von einem Pilz *(Botrytis cinerea)* hervorgerufen, der auf den Früchten einen grauen Schimmelrasen bildet. Wenn zur Blütezeit das Wetter feuchtschwül ist, kann sich der Pilz gut entwickeln. Über die Blütenblätter, die an der jungen Frucht hängen bleiben, wird der Pilz auch auf die Früchte übertragen.

Eine Bekämpfung ist in erster Linie durch Kulturmaßnahmen möglich: Gutes Auslichten der Pflanzen, Vermeidung einer zu hohen Stickstoffdüngung, gute Versorgung des Bodens mit Magnesium, schließlich Einarbeiten von Gesteinsmehl. Vorsicht bei der Lagerung: Befallene Früchte müssen sofort aussortiert werden.

Tierische Schädlinge

Verbreitet sind vor allem drei Schädlingsarten:

Nematoden sind winzige Fadenwürmer, die in der Erde leben. Sie sind nur im Mikroskop zu erkennen. Es gibt sowohl nützliche Arten, die an der Humusbildung beteiligt sind, als auch schädliche Arten, die als Parasiten leben. Letztere können zahlreiche Zysten an den Hauptwurzeln bilden, in denen Eier und Larven in der Lage sind, lange Zeit zu überleben und bei geeigneten Bedingungen auszuschlüpfen. Sie schädigen die Wurzeln, manchmal auch die Stengel.

Gute biologische Abwehrmaßnahmen sind Zwischenpflanzungen mit Tagetes oder Ringelblumen. Die Wurzeln von Tagetes scheiden wasserlösliche Stoffe aus, die auf Nematoden toxisch wirken. Sie enthalten ähnliche Wirkstoffe wie chemische Produkte. Bei chemischen Mitteln gegen Nematoden ist Vorsicht angesagt: sie enthalten praktisch ohne Ausnahme Quecksilber!

Blattläuse sind immer ein Zeichen, daß der Kreislauf der Pflanze nicht in Ordnung ist. Wenn sich Zucker in der Pflanze anreichert, der nicht sofort verarbeitet werden kann, finden sich sofort Blattläuse und Ameisen ein. Die Ursache muß nicht immer schwerwiegend sein, manchmal genügt schon das Gießen mit zu kaltem Wasser, um solche Störungen hervorzurufen.

Ein wirksames natürliches Gegenmittel besteht darin, die Pflanze gründlich mit verdünnter Brennesselbrühe zu spritzen. Auch mit Laubholzasche oder Gesteinsmehl können die ungebetenen Gäste vertrieben werden. Bei sehr starkem Befall haben sich Spritzungen mit ungiftigen Pyrethrum-Mitteln bewährt.

Schildläuse sitzen fest an den Zweigen und am Stamm und verursachen Kümmerwuchs. Sorgfältiges Absammeln und, falls nötig, auch Abbürsten des Stammes und Rindenpflege ist hilfreich. Wenn der Befall zu stark wird, hilft Pyrethrum. Auch Marienkäfer und Larven der Florfliegen räumen unter den Schädlingen auf.

Vermehrung

Die Vermehrung bei *Actinidia arguta* ist problemlos. Mit Stecklingen wurden generell gute Ergebnisse erzielt. Eine Vermehrung von *Actinidia chinensis* dagegen ist für Laien und Hobby-Gärtner schwierig. Trotzdem ist wahrscheinlich der eine oder andere Leser daran interessiert. Hinweise auf die Arbeit und die damit verbundenen Probleme werden in diesem Kapitel knapp erläutert.

Vermehrung durch Samen

Eine erbtreue Vermehrung aus Samen ist nicht möglich. Pflanzen, die auf diese Weise gezogen werden, müssen später veredelt werden. Die Samen werden voll ausgereiften Früchten entnommen, gewaschen und getrocknet. Nach und nach werden sie im Verhältnis 1:3 mit Sand vermischt. Diese Mischung kommt in ein Glas und wird für ca. 2 Wochen in den Kühlschrank gestellt. Diesen Vorgang nennt man »stratifizieren«; er dient dazu, die Samen zur besseren Keimung anzuregen.

Anschließend wird in Pflanzschalen ausgesät. Am geeignetsten ist Anzuchterde von feiner Struktur. Die Temperatur muß ca. 18–20° betragen, die Aussaat immer gut feucht gehalten und mit einer Glasplatte abgedeckt werden. Die Jungpflänzchen behandelt man nun wie alle anderen aus Samen gezogenen Pflanzen. Nach ca. 2 Monaten, wenn die Pflanzen kräftig genug sind, können sie an geschützter Stelle ins Freiland gesetzt werden. Wenn diese Pflanzen eine Stammstärke von mindestens 6 mm erreicht haben, können sie veredelt werden.

Stecklingsvermehrung

Das am weitesten verbreitete System der ungeschlechtlichen Vermehrung ist die Stecklingsvermehrung. Bei Kiwis hat diese Vermehrungsart bisher sehr gute Erfolge gezeigt.

Es handelt sich dabei um Sproßabschnitte, die eine oder mehrere Knospen tragen. Man unterscheidet verschiedene Typen, von denen die für die Vermehrung von Kiwis am geeignetsten hier beschrieben sind. Es versteht sich von selbst, daß Steckhölzer nur von gesunden Pflanzen genommen werden sollten.

Genau wie Samen benötigen auch Stecklinge Feuchtigkeit und Wärme (von unten) zum Wachsen. Da sie noch keine

Wurzeln besitzen, ist ein guter Wasserabzug des Nährbodens wichtig. Ebenso wichtig ist eine hohe Luftfeuchtigkeit. Am günstigsten ist die Aufzucht daher in einem Gewächhaus oder einem warmen Frühbeetkasten. Als Nährboden eignet sich Anzuchterde oder eine Mischung aus gleichen Teilen Torf und gewaschenem Sand ohne jedes Düngemittel.

Bei Kiwis unterscheidet man drei Arten von Stecklingen:

Holzige Stecklinge werden in der Zeit vom Blattfall bis zum Februar genommen. Am besten schneidet man einjähriges Holz mittlerer Stärke mit 1–3 Nodien (Blattansätzen). Zur raschen Stimulanz der Wurzelbildung taucht man die Stecklinge für 24 Stunden in ein Bewurzelungssubstrat und pflanzt sie dann in Anzuchterde. Nach 2–3 Monaten erfolgt die Bewurzelung. Bewurzelte Stecklinge müssen in Töpfe verpflanzt und ausreichend feucht gehalten werden. An einem geschützten, aber ungeheizten Ort werden sie dann kultiviert.

Grünstecklinge werden im Juni geschnitten und sollten 2 Nodien und 2 Blätter haben. Geschnitten wird unterhalb des Nodiums. Das Steckholz wird ca. 10 Sekunden lang in ein Bewurzelungssubstrat getaucht und in Anzuchterde eingepflanzt. Nach 50–60 Tagen bilden sie Wurzeln. Sie werden in Töpfe verpflanzt und in einem warmen Gewächshaus gezogen. Nach und nach kann die Temperatur verringert werden.

Halbverholzte Stecklinge werden Ende August geschnitten und müssen 5 mm stark sein, 1–3 Nodien und ebenso viele Blätter haben. Sie werden behandelt wie Grünstecklinge.

Veredelung

Das Übertragen von Augen oder Schößlingen auf eine Unterlage wird als Veredelung bezeichnet, manchmal auch als Pfropfen oder Aufpfropfen. Veredeln ist schwierig und verlangt Fachkenntnis. Es gibt verschiedene Methoden. Die gebräuchlichsten sind hier dargestellt.

Okulation. Sie erfolgt im August/September. Die Unterlage kann eine zweijährige Pflanze sein, die entweder aus Samen oder aus Stecklingen gezogen wurde. Das Edelreis besteht aus einem verholzten Zweig mit einem schlafenden Auge. Beim Veredelungspunkt wird die Rinde in T-Form eingeschnitten und das Auge unterhalb der Rinde eingesetzt. Anschließend wird mit Bast verbunden und mit Veredelungswachs abgedichtet. Nach ca. 15 Tagen hat sich das Edelreis mit der Unterlage verbunden. Das Auge wächst jedoch erst in der nächsten Wachstumsperiode. Wenn das Reis angewachsen ist, wird das Holz oberhalb der Okulationsstelle weggeschnitten.

Spaltpfropfung. Bei dieser Veredelungsart werden junge Pflanzen verwendet. Beide Teile müssen die gleiche Größe haben. Veredelt wird im März/April, indem in die Rinde der Unterlage ein Spalt geschnitten wird – so geformt, daß das keilförmig zugespitzte Edelreis gut fixiert werden kann. Die Veredlungsstelle wird mit Wachs verschlossen.

Einfache Aufpfropfung. Diese Methode wird im Februar/März durchgeführt. Das Pfropfreis besteht aus einem Zweig mit 2 Augen, während die Unterlage am besten eine zweijährige Pflanze ist. Beide Teile müssen die gleiche Stärke haben, um genau aufeinander zu passen. Die Schnittflächen drückt man aufeinander und verschließt sie mit Wachs. Am besten führt man die Arbeiten im Gewächshaus durch, da junge Pflanzen besonders frostgefährdet sind.

Triangulation. Auch dieses Veredelungsverfahren wird im Februar/März durchgeführt. Der Rindeneinschnitt ist pyramidenförmig. Beachtet werden muß, daß beide Teile so eng wie möglich miteinander verbunden werden. Wenn das geschnittene Edelreis nicht sofort aufgepfropft werden kann, muß es feucht, kühl und dunkel aufbewahrt werden.

Ableger. Bei dieser Vermehrungsart führt man einen basisnahen Trieb nach unten über einen Blumentopf, ritzt ihn etwas ein oder entfernt ein Stückchen Rinde. Mit einem Stein wird er belastet, so daß die offene Stelle auf die Erde zu liegen kommt. Sobald sich Wurzeln gebildet haben, kann die junge Pflanze von der Mutterpflanze getrennt werden.

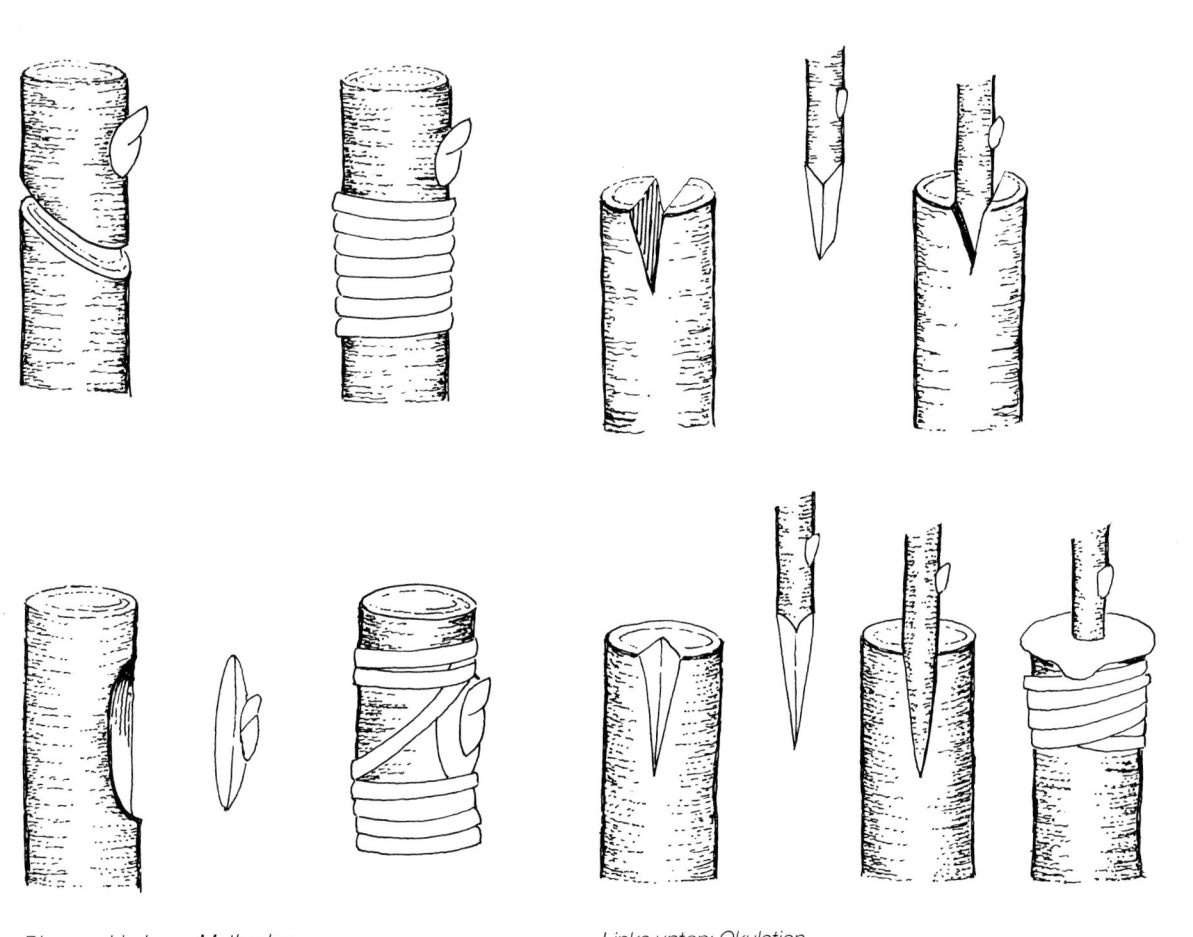

Die verschiedenen Methoden
der Veredelung.
Links oben: Einfache Auf-
pfropfung

Links unten: Okulation
Rechts oben: Spaltpfropfung
Rechts unten: Triangulation

Ernte und Lagerung

Die Ernte der Weihenstephan-Kiwi 'Weiki'.

Kiwi-Pflanzen tragen ab dem 3. Jahr nach der Pflanzung Früchte. Dabei gibt es je nach Sorte Unterschiede in der Menge und dem Erntezeitpunkt. Die volle Ertragsreife erreichen Kiwi-Pflanzen im 7.–8. Standjahr. Auch Anbauform und das Kleinklima sind im Hinblick auf die Fruchtmenge von Bedeutung.

Bei der Sorte 'Hayward' kann es vorkommen, daß die Ernte im ersten Ertragsjahr nur gering ist. Die Pflanze steigert die Fruchtmenge jedoch kontinuierlich und kann im 7. Jahr die siebenfache Menge bringen.

Bei den verschiedenen Sorten von *A. arguta* beginnt die Ernte bereits Ende August/Anfang September und ist Ende September/Anfang Oktober beendet. Bei *A. chinensis* ist der Erntezeitpunkt bedeutend später: Je nach Sorte liegt er zwischen Mitte Oktober und Ende November. Zwingt die Kälte zum vorzeitigen Ernten, muß mit unausgereiften Früchten gerechnet werden, da auch eine nachfolgende Schönwetterperiode nicht mehr zur Zuckerbildung ausreichen würde. Ein Nachreifen auf dem Lager ist nicht möglich.

Bevor geerntet wird, muß der Reifegrad festgestellt werden. In gewerbsmäßigen Anlagen wird dazu der Zuckergehalt der Früchte und auch der Anteil an Säure genau gemessen und bei sogenannter Hartreife geerntet. Die Früchte reifen in den Kühlhäusern nach. Für den Gartenbesitzer mit nur wenigen Pflanzen ist diese Methode zu aufwendig. Ein leichter Daumendruck zur Prüfung reicht auch. Die Frucht darf dabei nicht zu weich sein, sonst büßt sie an Lagerfähigkeit ein. Man kann auch einige Früchte probieren, um sicher zu gehen. Überreife Früchte halten sich nicht lange. Zu früh geerntete unreife Kiwis aber schmecken nicht und reifen auch am Lager nicht nach.

Früchte, die für eine längere Lagerung bestimmt sind, müssen sorgfältig mit der Hand einzeln gepflückt werden. Man löst die Frucht vorsichtig mit einer leichten Drehung vom Stil und legt sie in einen Korb oder Leinenbeutel, den man sich am besten umgehängt hat. Traubenförmige Früchte erntet man mit der Schere. Die Fruchtstiele läßt man am Strauch hängen, sie sind ein nützlicher Hinweis beim Schnitt. Früchte, die zum sofortigen Verbrauch bestimmt sind, kann man problemlos noch am Strauch hängen lassen, wenn kein Frost zu erwarten ist.

Drei der neuen Sorten von Actinidia arguta *aus Leno. Von links nach rechts: 'Jumbo verde', 'Beauty Red' und 'Clamony'.*

Gelagert werden Kiwis am besten in flachen Obststeigen, die mit Holzwolle ausgelegt sind. Die Früchte dürfen sich nicht gegenseitig berühren, um Verletzungen an der Schale zu vermeiden. Die Steigen sollten dann jeweils mit einer Lage Packpapier oder Seidenpapier abgedeckt werden.

Das für die grüne Farbe des Fruchtfleisches und bei *A. arguta* auch für die Schale verantwortliche Chlorophyll ist sehr empfindlich gegenüber Licht und Temperatur. Die ideale Lagertemperatur für Kiwis liegt deshalb bei 0° mit einer Luftfeuchtigkeit von ca. 90%. Unter diesen Bedingungen sind die Früchte einiger *A. chinensis*-Sorten bis zu 6 Monaten haltbar (s. die Tabelle S. 22). Für den normalen Verbrauch im Haushalt können die Früchte in einem kühlen Raum bis zu 2 Monaten aufbewahrt werden. Früchte, die zu warm und trocken gelagert werden, verlieren an Gewicht, schrumpfen und werden überreif. Der Geschmack geht verloren. Eine regelmäßige Kontrolle des Lagerraums ist empfehlenswert, damit verdorbene Früchte entfernt werden können.

Eine Lagerung zusammen mit anderen Früchten, besonders mit Äpfeln, Orangen, aber auch Birnen ist auf jeden Fall zu vermeiden. Diese Früchte geben Ethylen ab, ein Gas, das einen vorzeitigen unerwünschten Reifeprozeß in Gang setzt.

Bei einer Aufbewahrung im Kühlschrank sind Folienbeutel günstig. Sie müssen mit Luftlöchern versehen sein, damit sich keine stauende Feuchtigkeit bilden kann, durch die Schimmelbildung gefördert wird. Eine Lagerung im Kühlschrank ist allerdings nur für kurze Zeit anzuraten, da weder die Temperaturen noch der Raum ideale Bedingungen bieten.

Kiwis als Topfpflanzen

Man kann Actinidien auch als Topfpflanze auf der Terrasse oder einem größeren Balkon ziehen, allerdings ist dabei einiges zu beachten. Natürlich können die Pflanzen nicht den gleichen Ertrag bringen wie im Freiland. Aber welcher Balkongärtner freut sich nicht über etwas Besonderes, auch wenn der Ertrag bescheiden ist? Folgendes ist zu berücksichtigen:

Standort

Ein vollsonniger Standort ist ungeeignet. Besser stehen Actinidien im Halbschatten in windgeschützten Lagen, die nach Südosten oder Osten ausgerichtet sein können, wenn nach Norden hin vor Kälte und Wind geschützt wird. Terrassen oder Balkone, die dem Wind ausgesetzt sind, eignen sich nicht.

Temperatur

Wenn der Pflanze ausreichend Wasser zur Verfügung steht und bei reinen Südlagen ein leichter Sonnenschutz gegeben wird, sind heiße Temperaturen kein Problem. Im Winter hingegen muß der Topf gegen Kälte geschützt werden, etwa indem man das Pflanzgefäß mit Wellpappe oder Schilf umwickelt. In Ostlagen sollte dies bis in Stammhöhe geschehen. Gut ist, wenn man die Pflanze anhäufelt und mit Reisig abdeckt.

Was die Ernte und Lagerung betrifft, so gilt das gleiche wie für im Freigelände gezogene Kiwi-Pflanzen.

Klettergerüste

Als rasch wachsende Rankgewächse benötigen Kiwi-Pflanzen auch im Topf eine Kletterhilfe. Ein in der Wand verankertes Gerüst ist dafür gut geeignet. Die äußeren Pfosten können mit Latten oder auch mit sehr starkem Draht miteinander verbunden werden. Die Entfernung der Pflanzen sollte mindestens 2 m betragen.

Behälter

Actinidien sind Pflanzen, deren Wurzeln sich rasch in die Breite ausdehnen. Der Pflanzkübel muß deshalb ein Mindestmaß von 80 × 80 cm haben, ob rechteckig oder quadratisch spielt dabei keine Rolle. Die Tiefe von 40–50 cm ist möglichst nicht zu unterschreiten.

Als Material eignen sich Plastik, Holz oder Ton. Bei letzteren auf Risse achten! Eindringendes Wasser kann im Winter bei Frost den Topf sprengen. Aus diesem Grund ist vor allem von Gefäßen aus gegossenem Zement abzuraten.

Erde

Actinidien wollen leicht saure, mittelschwere Erde. Für eine Kultur als Topfpflanze kann man sie wie folgt zusammensetzen:

2 Teile   Gartenerde
2 Teile   Rhododendronerde
4 Teile   Lauberde
1 Teil   Kompost
1 Teil   Sand

Einpflanzung

Der Topf muß über eine ausreichende Anzahl von Luftlöchern verfügen, damit ein guter Wasserabzug möglich ist und die Pflanze atmen kann.

Auf den Boden des Gefäßes kommt als Dränage eine mindestens 2 cm hohe Kieselschicht oder eine Schicht Lecadan (ein Substrat aus Blähton). Es wird mit einem Teil der Erde aufgefüllt und, um Lufträume zu verhindern, fest angedrückt. Die Pflanze wird dann sorgfältig und ohne die Wurzeln zu beschädigen in den Topf gesetzt. Die Veredlungsstelle muß oberhalb der Erde bleiben. Mit der restlichen Erde wird der Kübel aufgefüllt. Nochmals von Hand andrücken und mit feinem Wasserstrahl angießen.

Bewässerung

Actinidien lieben eine hohe Luftfeuchtigkeit; vor allem die Wurzeln der Kiwi-Pflanzen dürfen niemals austrocknen. Wenn der Niederschlag nicht ausreicht, müssen sie in regelmäßigen Abständen beregnet werden. Das Wasser muß kalkfrei sein. Wenn Regenwasser gesammelt werden kann, ist dies das ideale Gießwasser.

Düngung

Die Düngung von Topfpflanzen muß besonders sorgsam und in jeweils geringen Mengen vorgenommen werden. Die Zeit-

Eine 3jährige Topfpflanze, die bereits einige Früchte trägt. Fotografiert kurz vor der Ernte in einer Gärtnerei; die Blätter sind daher schon herbstlich welk.

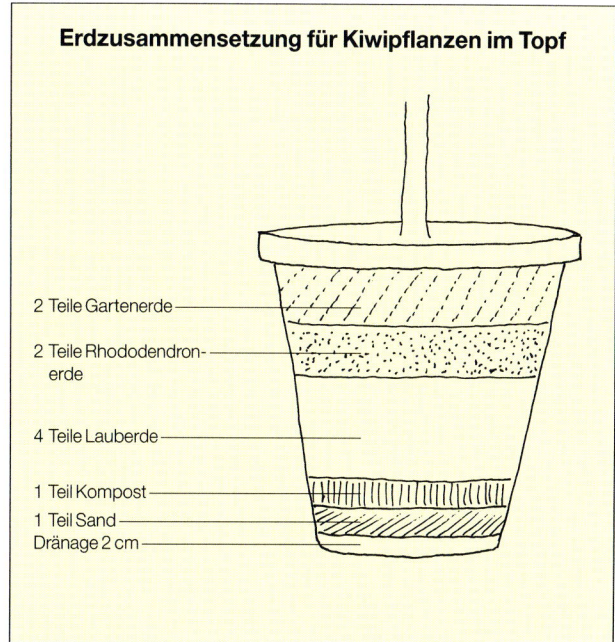

Erdzusammensetzung für Kiwipflanzen im Topf

2 Teile Gartenerde

2 Teile Rhododendron-erde

4 Teile Lauberde

1 Teil Kompost

1 Teil Sand

Dränage 2 cm

punkte liegen zu Beginn des Wachstums, vor der Blüte und ein letztes Mal im Juli.

Flüssigdünger eignen sich bei Topfpflanzen recht gut, günstig sind auch Einzeldünger ohne Chlor und mit möglichst geringem Kalkanteil.

Schnitt

Im Prinzip funktioniert der Schnitt ebenso wie bei Pflanzen im Freiland. Wichtig bei Topfpflanzen aber ist, daß nicht zu viel Blattmasse entsteht. Es muß also immer kräftig ausgelichtet werden.

Beim Sommerschnitt reguliert man das Triebwachstum, um auf diese Weise gute Fruchtruten zu erhalten. Das Fruchtholz wird grundsätzlich erst geschnitten, wenn die Pflanze erstmals getragen hat.

Umtopfen

Wann der richtige Zeitpunkt für das Umtopfen gekommen ist, läßt sich schwer vorhersagen, denn hier hängt viel von äußeren Einflüssen ab. Es gibt Pflanzen, die auch nach 10 Jahren noch keine Ermüdungserscheinungen zeigen.

Wenn man folgende Ratschläge beachtet, kann man schöne Pflanzen ziehen, ohne diese häufig umtopfen zu müssen.

● Immer nur vorsichtig düngen, möglichst rückstandsfrei;
● sich vergewissern, daß die Dränage gut funktioniert;
● die Erde durch vorsichtiges Hacken immer locker halten.

Die folgenden Sorten sind geeignet:
A. chinensis: 'Bruno', 'Monty';
A. arguta: 'Jumbo', 'Weiki', 'Miss Green';
A. kolomnikta.

Inhaltsstoffe und Verwendung

Die Bedeutung der Kiwis liegt vor allem in ihren Inhaltsstoffen. Sie sind reich an Vitaminen und Mineralstoffen. Sowohl das frische Fruchtfleisch als auch die Kerne haben einen hohen gesundheitlichen Wert. Von den Inhaltsstoffen sollen die wichtigsten hier kurz beschrieben werden. An erster Stelle steht:

Vitamin C. Der Anteil dieses Vitamins ist bei Kiwis besonders hoch. Er schwankt je nach Sorte; bei 'Monty' ist er am höchsten. Mit einem Durchschnittswert von 180 mg/je 100 g Fruchtfleisch liegt er bedeutend höher als bei den verbreiteten Zitrusfrüchen, z. B. Orangen und Zitronen.

Vitamin C ist wasserlöslich, aber wärmeempfindlich. Durch Einwirken von Hitze wird es rasch zerstört. Man findet es in Zitrusfrüchten, Grüngemüsen, Möhren, Milch, Fischleber und Getreide. Seine Wirkung gegen Infektionskrankheiten ist bekannt. Vitamin C wirkt gegen Appetitlosigkeit, es steigert die Abwehrkräfte des Körpers und wirkt positiv auf die Blutbildung.

Das Bindegewebe wird durch Vitamin C elastisch gehalten, die Wundheilung beschleunigt. Bei Gefahr von Thrombosebildungen hat Vitamin C eine vorbeugende Wirkung. Unentbehrlich ist es für eine gesunde Zahn- und Knochenbildung. Es verhindert die Bildung von Nitrosaminen und wird inzwischen auch bei der Bekämpfung von Krebs eingesetzt.

Vitamin C wird vom Körper nicht gespeichert, es muß jeden Tag neu zugeführt werden. Der tägliche Bedarf liegt bei ca. 75 mg. Er schwankt je nach Alter und Lebensgewohnheiten. Mit dem Genuß von nur 1 Kiwi ist der Tagesbedarf gedeckt. Kiwis sind eine hervorragende Vitamin-C-Quelle, da sie zu einer Zeit reifen, in der andere Vitamin-C-haltige Früchte noch nicht zur Verfügung stehen.

Vitamin A erhält das Sehvermögen und die Gesundheit der Augen. Es unterstützt die Schutzfunktionen der Haut und trägt zur Resistenz gegen Infektionskrankheiten bei.

Inhaltsstoffe pro 100 g frischem Fruchtfleisch

Inhaltsstoff	'Abott'	'Bruno'	'Hayward'	'Monty'	'Beauty Red'	'Clamony'	'Jumbo'
Vitamin C (mg)	170	212	126	238	70–80	70–80	50–70
Zucker (%)	6,9	8,7	7,4	6,9	9,4	10,2	9,5
Eiweiß (%)	0,93	0,97	0,87	1,04	*	*	*
Gesamtsäure (%)	1,43	1,61	1,43	1,21	0,45	0,2	0,28
Kalorien		jeweils ca. 55				jeweils ca. 40	

* keine Angaben vorhanden

Gehalt an Inhaltsstoffen pro Frucht im Vergleich zu anderen Früchten

Frucht	Kalorien (g)	Wasser (g)	Eiweiß (g)	Zucker (g)	Vitamin C (mg)
Kiwi	55	80	1,6	11	50–250
Orange	40	87	0,7	8	43–100
Banane	80	76	0,7	18	8–12
Zitrone	11	92	0,6	2,3	40– 70
Apfel	45	85	0,2	11	1– 27
Birne	41	85	0,3	0,5	3– 6
Pfirsich	27	91	0,8	6,1	7– 8
Traube	61	80	0,5	15,6	3– 4

'Weiki' einmal als ganze Frucht und einmal halbiert. Gut zu erkennen der hohe Saftanteil der Frucht.

Enthalten ist Vitamin A in Kiwis, Karotten, Kohlgemüse, Spinat und Käse.

Vitamin B$_1$ hat seine größte Bedeutung im Stoffwechsel der Kohlenhydrate. Es reguliert die Verwertung von Stärke und Zucker im Körper, ist unentbehrlich für eine gute Leber- und Gehirnfunktion und maßgeblich an der Bildung roter Blutkörperchen beteiligt. Vitamin B$_1$ ist gut für Nerven und Herz.

Man findet es in Getreidekeimlingen, Hülsenfrüchten, Hefe, Nüssen, Leber und Muskelfleisch. Ein Mangel verursacht Müdigkeit, Konzentrationsschwäche, in seltenen Fällen sogar Depressionen.

Vitamin B$_6$ wirkt vor allem auf das Nervensystem. Enthalten ist Vitamin B$_6$ außer in Kiwis in Vollkornprodukten, Hefe, Hülsenfrüchten, Spinat, Käse, Leber.

Vitamin D ist eigentlich ein Hormon. Es regelt den Kalzium- und Phosphathaushalt und verhindert Rachitis bei Säuglingen.

Vitamin D findet man in Kiwis, Lebertran, frischer Rohmilch, Butter, Käse, Eiern.

Vitamin E steht in der Wichtigkeit für den Körper hinter Vitamin C an zweiter Stelle. Es spielt eine wichtige Rolle in unserer Ernährung. Es verhindert die Ansammlung von Cholesterin, schützt gegen Arteriosklerose, fördert die Durchblutung und hat eine positive Wirkung auf Herz und Hormonsystem. Vitamin E ist unentbehrlich für die Funktion der Keimdrüsen. Enthalten ist Vitamin E in Weizenkeimen, Nüssen, Mandeln, Vollkornprodukten, Salat, kaltgepreßten Ölen und Soja.

Mineralstoffe wie Eisen, Phosphor, Natrium, Kalium und vor allem Kalzium sind im Gegensatz zu anderen Obstarten in Kiwis reichlich vorhanden. Sie eignen sich daher ideal für die Kranken- und Schonkost. Wichtig für Diabetiker: der BE-Wert ist gleich 0.

Kiwis enthalten ca. 12 g Kohlenhydrate, 1 g Eiweiß und sind fettfrei. Der Kalorienwert einer Kiwi *(A. chinensis)* liegt bei ca. 40 kcal/180 kJ.

Schließlich enthalten Kiwis auch das eiweißspaltende Enzym Actidin. Wenn man Fleisch vor dem Braten oder Grillen mit einer Kiwi-Hälfte einreibt, wird auch weniger zartes Fleisch durch die Wirkung dieses Enzyms mürbe.

Verwendungstips

Köstlich und vitaminreich: eine frische Kiwi zum Frühstück.

Um in den Genuß der wichtigen Inhaltsstoffe zu kommen, sollten die Früchte frisch verzehrt werden. Bei den verschiedenen Zubereitungsarten werden die Inhaltsstoffe zum Teil zerstört, der Geschmack bleibt jedoch erhalten.

Die großen Früchte der *A. chinensis* müssen geschält werden. Die pelzige Schale ist ungenießbar. Bei gut ausgereiften Früchten läßt sich die Haut leicht abziehen. Die im Handel angebotenen Kiwis werden jedoch meist schon bei sogenannter Hartreife geerntet und lassen sich daher oft nur mit Schwierigkeiten schälen. Einfacher ist es, die Frucht zu halbieren und auszulöffeln.

Bei *A. arguta* können die Früchte mit »Haut und Haar« gegessen werden. Die glatte grüne Schale ist zum Verzehr geeignet.

Beide Fruchtarten haben ein intensiv grünes Fruchtfleisch, dessen Farbe sich allerdings unter Hitzeeinwirkung zu einem gelblichen Grün verändert (Chlorophyll – verantwortlich für die grüne Farbe – ist sehr hitzeempfindlich).

Mit Kiwis dekorierte Speisen sehen besonders attraktiv aus. Aus den Früchten der grünen Kiwi, ganz besonders der Sorte 'Weiki', gewinnt man einen ausgezeichneten, geschmackvollen Saft.

Der Phantasie bei der Zubereitung von Gerichten mit Kiwis sind keine Grenzen gesetzt. Sie lassen sich zu einer Reihe raffinierter, aber keineswegs schwierig zuzubereitender Köstlichkeiten verarbeiten. Einige besonders schmackhafte werden im anschließenden Rezeptteil vorgestellt.

Einige Kurztips für die Verwendung von Kiwis:

Braten. In Scheiben geschnittene Kiwis auf beiden Seiten kurz in Butter braten und mit Zitrone beträufeln.

Dünsten. Geviertelte oder geschälte Kiwis in ein wenig Wasser mit Zitronensaft oder Wein kurz garen.

Flambieren. In Scheiben oder Achtel geschnittene Kiwis in Orangenlikör oder Marsala erhitzen und anschließend mit hochprozentigem Alkohol übergießen und anzünden.

Frittieren. Geschälte ganze Kiwis in Ausbackteig tauchen und ausbacken.

Gratinieren. Früchte in Scheiben schneiden und in eine gebutterte feuerfeste Form legen. Mit Crème fraîche, Honig, geriebenen Mandeln oder Walnüssen überbacken.

Marinieren. Fruchtscheiben oder Viertel mit Zitronensaft und nach Geschmack mit Likör beträufeln und einige Zeit zugedeckt ziehen lassen.

Einkochen. Kiwis zerkleinern, eventuell pürieren und mit Zitronensaft und Geliermittel zu Marmelade einkochen. Die fertige Marmelade hat eine gelblich-grüne Farbe.

Einfrieren. Geschälte Scheiben mit Zitronensaft beträufeln und auf einer Platte vorfrieren. Später in einer Gefrierbox aufbewahren. Kiwis können auch als ganze Frucht eingefroren werden; die braunen Kiwis muß man vorher aber unbedingt schälen! Auch Kiwi-Mus läßt sich sehr gut einfrieren.

Trocknen. Eine Konservierungsart, die immer mehr Freunde gewinnt und zu der sich Kiwis gut eignen. Die Früchte in Scheiben schneiden und auf Alu-Folie gelegt im Trockengerät oder Backofen (nicht höher als 50° bei geöffneter Backofentür) trocknen lassen. Der Vorgang dauert ziemlich lange. Nicht in der Sonne trocknen lassen, dabei gehen die Vitamine verloren.

Die 33 besten Kiwi-Rezepte

FRÜHSTÜCK

Kiwi-Quark
Für 2 Personen

2 Kiwis
1 EL Honig
250 g Magerquark
½ Becher Schlagsahne

Kiwis zu Mus pürieren und mit dem Honig und dem Quark vermengen. Sahne steifschlagen. Einen Teil der Sahne unter den Quark heben. Mit der restlichen Sahne verzieren.

Kiwi-Joghurt griechisch
Für 1 Person

1 Becher griechischer Joghurt
1 EL Honig
1 Kiwi
1 Msp. Zimt.

Joghurt mit Honig vermengen und mit Kiwi-Scheiben garnieren. Mit Zimt bestreuen.

Schlemmermüsli
Für 1 Person

2–3 EL geschroteter Hafer oder Haferflocken
4–5 EL Wasser
1 TL gehackte Walnüsse
1 TL Honig
1 Kiwi
2 EL geschlagene Sahne

Den geschroteten Hafer am Vorabend einweichen (bei Haferflocken ist dies nicht nötig). Am Morgen mit Nüssen und Honig vermengen. Das Müsli mit der geschälten, in Scheiben geschnittenen Kiwi und Sahne anrichten.
Variation: statt Nüssen Mandeln verwenden.

Haferflocken mit Kiwi
Für 1 Person

2 EL Haferflocken
1 TL Haselnüsse
1 TL Butter
2 Kiwis
Vanille (möglichst das echte dunkelbraune Vanillepulver verwenden)
1 Orange

Haferflocken und Haselnüsse in Butter rösten. Kiwis schälen und im Mixer pürieren. Eine kleine Prise Vanillepulver hinzufügen. Haferflocken und Nüsse im Kreis anrichten. In die Mitte das Kiwi-Püree füllen. Mit Orangenscheiben am Rand garnieren.

Müsli mit Kiwi
Für 1 Person

2–3 EL geschrotete Weizenkörner
4–5 EL Wasser
1 TL Honig
1 EL Haselnüsse
1 Kiwi

Weizenkörner am Abend vorher in Wasser einweichen. Am Morgen den Schrotbrei mit Honig und Nüssen vermengen. Mit der geschälten, in Scheiben geschnittenen Kiwi garnieren.

Kiwi-Mix
Für 2 Personen

2 Kiwis
Saft ½ Zitrone
1 TL Honig
¼ l frische Milch

Kiwis im Mixer zerkleinern. Mit den übrigen Zutaten und der Milch schaumig schlagen (H-Milch wird nicht so schaumig).

Sektfrühstück mit Kiwis
Für 2 Personen

1 TL Grenadine-Sirup
1 TL Zitronensaft
Eiswürfel
trockener Sekt oder Champagner
2 Kiwis

Grenadine-Sirup, Zitronensaft und Eiswürfel in eine Cocktail-Schale seihen. Mit Sekt auffüllen und mit Kiwi-Scheiben garnieren.

SALATE

Artischocken-Kiwi-Salat
Für 2 Personen

4 Kiwis
1 Glas Artischockenherzen
½ Becher Schlagsahne
1 EL Crème fraîche
1 TL gehackte Petersilie
Saft von 1 Zitrone
Pfeffer
Salz
1 Schuß Cognac

Kiwis schälen und in Scheiben schneiden. 1 Scheibe beiseite legen. Artischockenherzen gut abtropfen lassen. Die Sahne steif schlagen und mit Crème fraîche und der Petersilie vorsichtig vermischen. Zitronensaft, Pfeffer und Salz gut verrühren, mit Cognac abschmecken. Die Artischocken und Kiwis mit dem Zitronensaft beträufeln, dann die Marinade unterheben. Mit einer Kiwi-Scheibe garnieren.

Krabbencocktail mit Kiwi
Für 4 Personen

2 Kiwis
2 EL Mayonnaise oder Crème fraîche
Saft von ½ Zitrone
1 EL Sherry
Salz
Pfeffer
1 EL Dillspitzen
200 g frische Krabben

Kiwis schälen und vierteln. Die Mayonnaise oder Crème fraîche mit dem Zitronensaft, dem Sherry, Salz, Pfeffer und Dillspitzen verrühren. Die Krabben und Kiwi-Viertel untermischen. Mit 1 Kiwi-Viertel verzieren.

Eissalat mit Kiwis
Für 2 Personen

1 Kopf Eissalat
1 TL Weißweinessig
Salz
Pfeffer
1 Schalotte
1 EL gehackte Mandeln oder Pinienkerne
3 Kiwis

Den Salat waschen, die äußeren Blätter entfernen, das Herz herausschneiden (der Salat darf aber dabei nicht zerfallen). Die Innenblätter in kleine Stücke schneiden. Essig, Salz, Pfeffer und die feingehackte Schalotte verrühren. Crème fraîche, gehackte Mandeln und Salatblätter mit der Marinade vermengen. Die Kiwis schälen und vierteln. Unter den Salat mischen und den Salatkopf damit füllen.

Kiwi-Weizenkeimling-Salat mit Pflaumen – eine erfrischende Kombination.

Kiwi-Weizenkeimling-Salat (I)
Für 4 Personen

5–6 EL Weißweinessig
Salz
Pfeffer
2 Schalotten
1 Glas Spargel (500 g)
125 g Weizenkeimlinge
4 EL Distelöl
4 Kiwis
2 EL Walnüsse

Aus Essig, Salz, Pfeffer und den feingehackten Schalotten eine Marinade bereiten. Den Spargel gut abtropfen lassen und in mundgerechte Stücke schneiden. Spargel mit der Marinade und den Sprossen vermengen. Das Öl darüberträufeln und alles nochmals gut durchmischen. 30 Minuten durchziehen lassen und vor dem Servieren mit den geschälten und in Scheiben geschnittenen Kiwis und den gehackten Nüssen garnieren.

Kiwi-Weizenkeimling-Salat (II)
Für 4 Personen

125 g Weizenkeimlinge
250 g Pflaumen
4 Kiwis
1 EL Hagebuttenmus
Saft von 1 Orange
2 EL gemahlene Haselnüsse
Puderzucker

Weizenkeimlinge gründlich abspülen und abtropfen lassen. Pflaumen waschen, entsteinen und in schmale Spalten schneiden. Kiwis schälen und in Scheiben schneiden. Obst und Keimlinge mischen. Das Hagebuttenmus, den Orangensaft, die Haselnüsse und den Puderzucker verrühren, abschmecken und über den Salat gießen.

Kiwi-Fitness-Salat
Für 4 Personen

2 Eigelb
8 EL Walnußöl
100 ml Grapefruitsaft (frisch gepreßt)
Salz
½ TL Honig
1 Msp. Anispulver (oder gemahlene Fenchelsamen)
1 Fenchelknolle
1 rote Paprikaschote
1 gelbe Paprikaschote
3 Kiwis
2 EL Walnüsse
½ Salat Romana

Eigelb glattrühren. Das Walnußöl unter ständigem Rühren trop-
fenweise dazugeben. Die Walnußcreme mit dem Grapefruitsaft
verdünnen. Mit Salz, Honig und Anispulver abschmecken. Die
Fenchelknolle und die Paprikaschoten waschen und putzen,
den Fenchel und die Paprikaschoten in feine Streifen schneiden. Die Kiwis schälen und in Scheiben schneiden. Den Salat
waschen, putzen. Vier Teller mit Salatblättern auskleiden. Den
Fenchel, die Paprika und die Kiwis unterheben, dann auf den
Salatblättern anrichten. Mit den Walnüssen bestreuen.

Als Beilage zu Fleisch oder Fisch sind Kiwis hervorragend geeignet. Steaks, die man mit Kiwischeiben einreibt, werden besonders zart.

Forelle mit Mandeln und Kiwis
Für 2 Personen

2 Forellen
Salz
etwas Mehl
5 EL Butter
1 EL Sonnenblumenöl
2 Kiwis
1 EL Zitronensaft
100 g Mandelsplitter

Die Forellen unter kaltem Wasser waschen und ausnehmen. Sorgfältig abtrocknen. Innen und außen salzen und in Mehl wenden. In einer schweren Pfanne 3 Eßlöffel Butter und das Öl erhitzen und die Forellen darin goldbraun braten. Auf einer vorgewärmten Platte warmhalten. Die geschälten, in Scheiben geschnittenen Kiwis im Bratfond kurz anbraten. Die Forellen damit garnieren und mit dem Zitronensaft beträufeln. Die restliche Butter bräunen und über die Fische gießen. In einer trockenen Pfanne Mandelsplitter leicht anrösten und abschließend damit die Fische bestreuen.

Seezungenfilets mit Kiwis
Für 2 Personen

2 Seezungenfilets
Salz
schwarzer Pfeffer
1 TL Zitronensaft
2 Schalotten
½ Tasse trockener Weißwein
3 Kiwis

Den Backofen auf 175° vorheizen. Die Fischfilets waschen, mit Salz und Pfeffer würzen und mit dem Zitronensaft beträufeln. Die Schalotten schälen und feinhacken. Auf dem Boden einer feuerfesten Form die Schalotten verteilen und die Fischfilets darauflegen. Mit Wein angießen und im Backofen pochieren. Nach 10 Minuten aus dem Ofen nehmen und warm stellen. Die Flüssigkeit abschöpfen und in einen kleinen Topf sieben. Auf ein Drittel einkochen. 2 Kiwis schälen und pürieren, in die Kochflüssigkeit rühren. Die Filets mit dem Fond begießen und noch für 3 Minuten unter den Grill stellen. Sie sollten goldbraun sein. Die übrige Kiwi schälen, in Scheiben schneiden und die Seezungenfilets damit garnieren.

Gegrilltes Lachssteak mit marinierten Kiwis
Für 2 Personen

Salz
Pfeffer
Saft von ½ Zitrone
2 EL Sonnenblumenöl
2 EL trockener Weißwein
2 Scheiben Lachs
2–3 Kiwis
1 Prise Zucker
1 TL Butter
1 TL Cognac

In einer Schüssel Salz, frisch gemahlenen Pfeffer und Zitronensaft mischen. Mit dem Schneebesen aufschlagen und dabei das Öl und den Wein zugießen. Die Marinade über die Lachsscheiben gießen und 1 Stunde ziehen lassen. Zwischendurch mehrmals wenden. Die Lachsscheiben herausnehmen, die Marinade gründlich abtropfen lassen und die Steaks dann in einer Grillpfanne braten. Mehrmals von der Marinade darübergießen. Kiwis schälen und in Scheiben schneiden, etwas zuckern und mit Zitronensaft begießen. Zugedeckt mindestens 20 Minuten ziehen lassen. In einer kleinen Pfanne die Butter bräunen. Kiwis darin schwenken. Mit Cognac flambieren und mit dem Lachs anrichten.

Steaks mit Kiwis
Für 2 Personen

2 Kiwis
2 Steaks (Rumpsteaks oder T-Bone-Steaks)
2 EL Maiskeimöl
Salz
Pfeffer

Die Kiwis schälen und halbieren. Die Steaks vor dem Braten mit der Schnittfläche einer Kiwi einreiben, so daß sich der Saft gut auf dem Fleisch verteilt. Die Steaks in heißem Öl braten. Salzen, pfeffern. Die Kiwi-Hälften in Scheiben schneiden, im Bratfond kurz anbraten. Steaks mit den Kiwis anrichten.

Curry-Hähnchen
Für 2 Personen

1 Brathähnchen von ca. 1 kg
Salz
etwas Mehl
6 EL Butter
2 Zwiebeln
1 Knoblauchzehe
1 EL Currypulver
2 Tassen Hühnerbrühe
1 EL Rosinen
3 Kiwis
½ TL gemahlener oder frisch geriebener Ingwer
50 g Mandeln
½ Zitrone
½ Becher Sahne (100 g)

Die Hähnchen waschen, zerlegen und in kleine Stücke schneiden, salzen. In Mehl wenden und in 3 Eßlöffel Butter braten. Warm stellen. Im Bratenfond die geschälten und fein gehackten Zwiebeln sowie die gehackte Knoblauchzehe glasig braten. In einer kleinen Pfanne 2 Eßlöffel Butter erhitzen, das Currypulver hineinrühren und mit Hühnerbrühe auffüllen. Die Rosinen waschen, abtropfen lassen, die Kiwis schälen und vierteln, beides

mit dem Ingwer in die Sauce geben. Abschmecken. Die Mandeln blanchieren, abziehen und in der restlichen Butter rösten und dann zu einer Paste zerquetschen. Mit Sahne vermengen und unter den Curry mischen. Den Curry zu dem Hühnerfleisch geben und dieses in etwa 15 Minuten garen. Mit Zitronensaft würzen.

Kiwi-Pie
Für 4 Personen

1 Paket tiefgefrorener Blätterteig (300 g)
1 Schalotte
2 EL Butter
1 dl Weißwein
½ Becher Sahne
250 g gekochter Schinken
1 Glas Artischockenherzen
Salz
Pfeffer
3 Kiwis
1 Eigelb

Aufgetauten Blätterteig ausrollen und in zwei Teile teilen. Eine Hälfte in eine kalt ausgespülte Pie-Form legen und den Rand dabei etwas hochziehen. Die Schalotte schälen und fein hakken, in Butter glasig braten. Mit Wein aufgießen und die Sahne zufügen. Den Schinken in kleine Würfel schneiden und die abgetropften Artischockenherzen zugeben. Salzen und pfeffern. Die Kiwis schälen, vierteln und daruntermengen. Die Masse auf den Teig füllen. Die zweite Teighälfte der Form entsprechend zuschneiden und die Füllung damit bedecken. Mit Eigelb bestreichen. Im vorgeheizten Backofen bei 200° goldgelb backen.

Edel und doch ganz einfach:
Lachstoast mit Kiwi.

ZWISCHENMAHLZEITEN

Kiwi-Toast
Für 4 Personen

4 Scheiben Hühner- oder Putenbrustfilet
1 EL Butter
Salz
Pfeffer
1 Schuß Madeira
4 Scheiben Vollkorn-Toastbrot
3 Kiwis
8 Mandarinenfilets

Die Filets in Butter goldbraun braten, salzen, pfeffern und mit Madeira beträufeln. Den Toast rösten, die Kiwis schälen und in Scheiben schneiden. Die Filets auf die Toastscheiben legen. Mit Kiwis und Mandarinenfilets garnieren.

Crêpes mit Kiwis
Für 8 Crêpes

75 g Mehl
2 Eier
½ Tasse Milch
Salz
2 EL Wasser
2 EL zerlassene Butter
3 EL Butter
2–3 Kiwis
Saft von 1 Orange
1 EL Cointreau
1 EL gehackte Walnüsse

Mehl, Eier, Milch, Salz und Wasser verrühren. Die zerlassene Butter unterrühren, bis der Teig schön cremig ist. 2 Stunden kühl stellen.

2 Eßlöffel Butter in einer schweren Pfanne erhitzen. Jeweils ein Achtel des Teigs hineingießen und dünne Pfannkuchen

backen. Die Kiwis schälen, in Scheiben schneiden und in der restlichen Butter braten. Mit Orangensaft und Cointreau beträufeln und ganz kurz erhitzen. Die Crêpes damit füllen, aufrollen und mit Nüssen bestreuen.

Lachstoast mit Kiwi
Für 4 Personen

2 Kiwis
40 g weiche Butter
2 TL Meerrettich (frisch gerieben)
4 Scheiben Roggentoast
4 Scheiben Räucherlachs (à 30 g)
Zitronenmelisse oder Dillzweige zum Garnieren

Die Kiwis schälen, eine halbe davon pürieren. Mit der Butter und dem Meerrettich verrühren. Die Toasts rösten und mit der Kiwi-Meerrettich-Butter bestreichen. Die Lachsscheiben darauflegen. Die restlichen Kiwis in Scheiben schneiden, diese vierteln und auf den Lachs legen. Mit Zitronenmelisse oder Dill garnieren.

DESSERTS

Kiwis mit Himbeerpüree
Für 2 Personen

250 g Himbeeren
1 EL Honig
½ Becher Schlagsahne (100 g)
5 Kiwis

Die gewaschenen und abgetropften Himbeeren mit dem Honig gründlich im Mixer pürieren. Die Sahne steif schlagen und mit den Himbeeren vorsichtig vermengen. Kiwis schälen, in Scheiben schneiden und kreisförmig auf dem Himbeerpüree anrichten.

Kiwi-Auflauf
Für 4 Personen

100 g Makronen
3 EL Sherry
½ l Milch
1 EL Honig
50 g Speisestärke
etwas Salz
Vanillemark
2 Eigelb
2 Eiweiß
8 Kiwis
1 TL Zucker

Makronen mit Sherry beträufeln. Milch, Honig, Speisestärke, Salz und Vanillemark gut verrühren und unter Rühren zum Kochen bringen. Eigelb daruntermischen. Eiweiß steif schlagen und die Hälfte vorsichtig unter die Creme heben. Die Kiwis schälen und in Scheiben schneiden. In eine Auflaufform eine Schicht Makronen, 1 Schicht Vanillecreme, 1 Schicht Kiwi-Scheiben füllen. Das restliche Eiweiß mit dem Zucker vermischen und diese Baisermasse auf dem Auflauf verteilen. Im vorgeheizten Backofen bei 150° ca. 15 Minuten backen.

Melone mit Kiwis
Für 2 Personen

1 Honigmelone
100 g Aprikosen
4 Kiwis
2 TL Rum
Saft von 1 Zitrone

Das obere Drittel der Melone zickzackförmig abschneiden. Das Fruchtfleisch herausschneiden und würfeln. Die Aprikosen waschen und vierteln, kurz andünsten. Abkühlen lassen. Kiwis schälen und in Scheiben schneiden. Die Melone mit dem Fruchtfleisch füllen und mit Rum und Zitronensaft beträufeln. Gekühlt gut durchziehen lassen.

Obstsalat mit Kiwis
Für 4 Personen

2 Pfirsiche
Saft von ½ Zitrone
3 Kiwis
250 g Erdbeeren
1 Banane
1 TL Honig

Die Pfirsiche häuten und vierteln. Die Hälfte des Zitronensaftes darüberträufeln. Kiwis schälen und in Scheiben schneiden. Erdbeeren waschen, entstielen und halbieren. Die geschälte Banane in Scheiben schneiden. Das Obst schichtweise in eine Schale geben, die Kiwis zum Schluß. Den restlichen Zitronensaft mit dem Honig verrührt darübergießen.

Kiwis mit Birnen
Für 4 Personen

3–4 Kiwis
1 Becher Schlagsahne (200 g)
4 weiche Birnen
Saft von 1 Zitrone
1 dl Muskatellerwein
1 Msp. Zimt

Kiwis schälen, mit der Gabel zerdrücken und pürieren. Die Sahne steif schlagen und darunterheben. Birnen waschen, schälen, halbieren, mit Zitronensaft beträufeln. Mit der Schnittfläche nach unten in einen kleinen Topf legen. Den Wein darübergießen und zugedeckt kochen. Die Birnen dürfen dabei nicht zerfallen. Sobald der Saft eingekocht ist, die Birnen umdrehen und erkalten lassen. Jede Hälfte mit dem Kiwi-Mus anrichten.

Kiwi-Orangen-Torte
Ergibt 12–16 Stücke

4 Eiweiß
4 EL Wasser
100 g Zucker
Vanillemark
4 Eigelb
80 g Mehl
80 g Speisestärke
½ TL Backpulver
Fett für die Form

Für die Füllung:
Saft und Schale von 1 Zitrone
2 Eigelb
75 g Zucker
50 g Speisestärke
8 Kiwis
2 kl. Orangen

Eiweiß und Wasser zu steifem Schnee schlagen. Zucker und Vanillemark dazugeben. Eigelb leicht unterrühren. Dann das Gemisch aus Mehl, Speisestärke und Backpulver in den Teig rühren. Teig in eine gefettete Springform füllen und sofort in den vorgeheizten Backofen schieben. Bei 175–200° etwa 35 Minuten backen.

Sofort auf ein Kuchengitter stürzen und noch heiß zweimal durchschneiden. Für die Creme Wasser und Zitronenschale zum Kochen bringen. Eigelb, Zitronensaft, Zucker und Speisestärke gut verrühren und unter Rühren in das kochende Wasser geben. Kurz aufkochen lassen. Vom Herd nehmen. Kiwis schälen und in Scheiben schneiden. Orangen schälen und filieren. Die Sahne steif schlagen und die erkaltete Creme langsam unterrühren. Den untersten Tortenboden zuerst mit der Creme, dann mit den Früchten belegen. Den zweiten Boden daraufsetzen und ebenso belegen. Den dritten Boden zuoberst und ganz besonders schön verzieren.

Kiwi-Wähe

1 TL Salz
5 EL Wasser
250 g Mehl
90 g Butter
8 Kiwis
1 Prise Zucker
Mehl zum Ausrollen
25 g gehackte Mandeln
25 g Semmelbrösel
⅛ l Sahne
2 Eigelb, 1 Ei
20 g Kartoffelmehl
3 EL Kiwi-Gelee
1 EL Rum

Das Salz im Wasser verrühren. Mit dem Mehl und der Butter in eine Schüssel geben und zu einem Teig verarbeiten. Für 20 Minuten in den Kühlschrank geben. Inzwischen die Kiwis schälen, in Scheiben schneiden und mit einer Prise Zucker bestreuen. Ziehen lassen. Teig nochmals durchkneten und auf einer bemehlten Fläche zu einer runden Scheibe ausrollen. In einer gut gefetteten Form im vorgeheizten Ofen 20 Minuten bei 200° backen. Abkühlen lassen. Die Mandeln mit den Semmelbröseln mischen, auf dem Wäheboden verteilen und die Kiwi-Scheiben darauflegen. Nochmals 20 Minuten bei 180° backen.

Inzwischen Sahne, Eigelb, Ei und Kartoffelmehl verquirlen und die Masse auf die Kiwi gießen. Nochmals 15 Minuten backen.

Gelee und Rum glattrühren und auf die noch warme Kiwi-Wähe streichen. In der Form erkalten lassen.

Rumtopf einmal anders – mit
Weintrauben und Kiwis.

Kiwi-Marmelade

1 kg Kiwis
1 kg Zucker
Geliermittel
1 Stück Ingwer

Kiwis schälen, in Stücke schneiden. Mit dem Zucker und dem Geliermittel zum Kochen bringen. Ingwer reiben und in die Marmelade rühren. Diese in gut gereinigte, vorgewärmte Gläser füllen, sofort verschließen.

Kiwi-Gelee

1 kg Kiwis
1 kg Zucker
Geliermittel
Orangenlikör

Kiwis schälen, halbieren und in den Entsafter geben. 1 l Saft mit dem Zucker und dem Geliermittel kochen lassen. 1 Spritzer Orangenlikör zugeben. In Flaschen füllen und heiß verschließen.

Fit-Frucht-Marmelade

1 kg Kiwis
1 kg Zucker
Geliermittel
abgeriebene Schale und Saft von 1½ Limonen

Kiwis schälen, der Länge nach vierteln und in ½ cm dicke Stückchen schneiden. Die geschnittenen Früchte mit dem Gelierzucker, der Limonenschale und dem Limonensaft in einer Schüssel vermischen. Zugedeckt 1 Stunde bei Zimmertemperatur ziehen lassen.

¾ der Früchtemenge im Mixer 10–15 Minuten auf mittlerer Stufe rühren oder mixen. Die Marmelade mit den restlichen Früchten in gut gereinigte, vorgewärmte Gläser randvoll einfüllen. Sofort verschließen und 24 Stunden stehen lassen.

Kiwi-Rumtopf

350 g Zucker
1 Vanilleschote
⅛ l Wasser
2 EL Zitronensaft
1 Fl. weißer Rum (38%)
1 kg blaue Weintrauben
10 Kiwis

Zucker in einen Stieltopf geben. Vanilleschote aufschlitzen, das Mark ausschaben und mit den Schotenstücken zum Zucker geben. Wasser zufügen und alles unter Rühren aufkochen und 10 Minuten leise sprudelnd kochen lassen, dabei häufig umrühren. Den Topf vom Herd nehmen, rasch den Zitronensaft in den Zuckersirup einrühren, damit er nicht fest wird. Im kalten Wasserbad abkühlen lassen, immer wieder umrühren. Wenn der Zuckersirup leicht abgekühlt ist, nach und nach mit dem Rum vermischen. Nebenher die Weintrauben waschen, gründlich abtropfen lassen und die Beeren von den Stielen zupfen. Kiwis schälen und in etwa 3 mm dicke Scheiben schneiden. Mit Kiwischeiben beginnend die Früchte lagenweise in einen 3-Liter-Rumtopf aus Glas schichten. Die Rum-Zucker-Mischung durch ein Sieb darüber gießen. Die Früchte mit einem kleinen Teller beschweren, damit sie nicht nach oben steigen und sich verfärben können.

Wegen des relativ niedrigen Alkoholgehalts muß der Kiwi-Rumtopf nach etwa 8 Wochen verbraucht sein. Vor der ersten Kostprobe sollte er allerdings 14 Tage kühl und dunkel aufbewahrt werden.

Danksagung

Allen in- und ausländischen Freunden, die mir bei der Entstehung dieses Buches behilflich waren, möchte ich danken. Ganz besonders erwähnen möchte ich in diesem Zusammenhang:

Herrn Dipl.-Agrar.-Ing. Schimmelpfeng, TU Weihenstephan
Herrn Dr. M. Kellerhals, Eidgenössische Forschungsanstalt, Wädenswil
Herrn Prof. Dr. Dipl.-Ing. Rumpolt, Höhere Bundeslehr- und Versuchsanstalt, Klosterneuburg
Botanischer Garten der Villa Taranto, Verbania-Pallanza
Herrn Praskac, Baumschule Praskac, Tulln
Dero plant Baumschulen, Lobberich
Azienda Agricola Fratelli Vantini, S. Massimo, Verona
Signor Guido Zorzi, Vivai Actinidia, Selva di Levico, Trient
Ambrogio Kvai, Azienda agricola, Leno

Bibliographie

BAILEY, L. H., Manual of Cultivated Plants, New York 1924.

BAILEY, L. H., The Standard Cyclopedia of Horticultural Vol. I (A–E), New York 1950.

BAUCKMANN, Magda, Kiwi, Stuttgart 1987.

BEAN, Y. J., Trees and Shrubs, Stuttgart 1914.

BONFANTE, Giorgia, L'Actinidia, Bologna 1984.

FENAROLI, Luigi, L'Actinidia, Bologna 1972.

FLETCHER, W. A., The chinese goosberry, Auckland 1969.

GABRIEL, Ingrid, Gesunde Pflanzen im Biogarten, Niedernhausen 1984.

GERHARD, Paul-Wilhelm, Obst im Garten, Stuttgart 1985.

GÖBEL, Peter, Alles über Gartenböden, Stuttgart 1984.

MANSIL, G., Actinidia chinensis, unveröffentl. Dipl.-Arbeit, Weihenstephan 1980.

HEYNITZ, Krafft v./MERCKENS, Georg, Das biologische Gartenbuch, Stuttgart 1987.

HEYNITZ, Krafft v./MERCKENS, Georg, Kompost im Garten, Stuttgart 1985.

Journal of the Royal Horticultural Society, London.
    Bd. 36, 1910–1911.
    Bd. 40, 1914–1915.
    Bd. 55, 1930.

KREUTER, Marie Luise, Der Bio-Garten, München 1988.

KRÜSSMANN, Gerd, Handbuch der Laubgehölze, Bd. 1–3 u. Reg.-Bd., Heidelberg 1976–1978.

LARKCOM, Joy, Der Grünkostgarten, München 1984.

Il grande Libri dei Fiori e delle priande, Reader's Digest, Mailand o. J.

MAURER, K. J., Actinidia – deren Arten, Garten- u. Anbaupraxis, in: Mitteilungsheft Rebe/Wein, Klosterneuburg 1971.

MAURER, K. J., Neue blütenbiologische Erkenntnisse, in: Mitteilungsheft Rebe/Wein, Klosterneuburg 1976.

MITCHELL, Susanne / HAYNES, B., Pflanzen vermehren – aber richtig, Stuttgart 1983.

MITSCHURIN, J. W., Ausgewählte Werke, Moskau 1949.

NICHOLSON, George, The Illustrated Dictionary of Gardening, London o. J.

OSBORN, A., Shrubs and Trees for the Garden, London 1952.

PUCCI, Angelo / HOEPLI, U., Enciclopedia Orticola Illustrata, Mailand o. J.

REHDER, Alfred, Manual of Cultivated Trees and Shrubs, New York 1947.

RICHTER, N. / KÖHLER, F., Kiwi-Kochbuch, München o. J.

STOUT, Rules, Mulch-Gärtnern ohne Arbeit, Schaafheim 1971.

SILVA TAROUCA, Ernst Graf / SCHNEIDER, Camillo, Freiland Laubgehölze, Leipzig 1930.

VILMORUM, Mauricede / BOIS, M., Freilicelum Vilmariarum – Catalogus, Paris 1904.

YOUSSEF, J. / BERGAMINI, A., L'Actinidia, Leno 1980.

Register

Bildnachweis

Ambrogio Vivai Azienda agricola, Leno 2, 27, 57
Eidgenössische Forschungsanstalt, Wädenswil 16, 18, 21, 23, 24, 28, 39, 42
Höger, A. u. I., München 6, 7, 8, 10, 12, 13, 14, 15, 16, 17, 19, 20, 30, 34, 36, 40, 42, 44, 50, 51, 53, 59
Komplett-Büro, München 9, 63, 66/67, 71, 75
Praskac, Tulln 25
TU Weihenstephan 27, 56, 61

Cornelia Rapp

Schnitzen
für Einsteiger

Cornelia Rapp

Schnitzen für Einsteiger

Mit Schritt-für-Schritt-Anleitungen

Vom Relief zur Kleinplastik

Augustus Verlag

Die Deutsche Bibliothek –
CIP-Einheitsaufnahme

Rapp Cornelia:
Schnitzen für Einsteiger: vom Relief zur
Kleinplastik; mit Schritt-für Schritt
Anleitungen/Cornelia Rapp. - Augsburg:
Augustus-Verl., 1993
ISBN 3-8043-0194-0
NE: HST

Farbfotos: Annette Hempfling, München
Schwarzweißfotos: Cornelia Rapp, Denklingen
Umschlaggestaltung: Klaus Neumann, Wiesbaden
Layout: Anton Walter, Gundelfingen
Lektorat: Michael Schönberger, Augsburg

AUGUSTUS VERLAG AUGSBURG 1996
© Weltbild Verlag GmbH
Gesamtherstellung: Appl, Wemding
Printed in Germany
ISBN 3-8043-0194-0

Zur Autorin

Cornelia Rapp geboren 1957 in Berlin
1980–1983 Lehre als Holzbildhauerin
an der Fachschule
für Holzbildhauer und
Schreiner in Garmisch-
Partenkirchen
1984–1989 Studium der Bildhauerei
an der Akademie der
Bildenden Künste,
München
seit 1989   freischaffend tätig
seit 1989   Leitung zahlreicher
Kurse für Holzbildhauerei

Ausstellungen:
1985   „Novea" Düsseldorf
1986   Haus der Kunst, München
1987   Dresdner Bank, München
1988   Haus der Kunst, München
1989   Rathaussaal München,
Gemeinschaftsausstellung
Gedok
1990   Symposion,
Schloß Pertenstein
1992   Kunstfrühling,
Bad Wörishofen
1992   Kaufering

Wettbewerbe:
Platzgestaltung Ottobrunn
Platzgestaltung Geretsried, 1. Preis
Wettbewerb Planetarium, Augsburg
Wettbewerb Lechtalbrücke, bei
Schongau
Wandbemalung in der Haunerschen
Kinderklinik, München

Inhalt

Einleitung

»Holzschnitzen« - bei diesem Stichwort denken die meisten interessierten Leser an Dinge wie geschnitzte Christus-, Heiligen- oder Krippenfiguren, die in traditioneller Art und Weise gearbeitet wurden. Diese ursprünglichen Werke, die es vielerorts zu kaufen gibt, sind von großer Schönheit und meist Hunderte von Jahren alt. Den Kopien des Alten fehlt es leider oftmals an diesem Glanz, an der Ausstrahlung und der Liebe, die in die Ausarbeitung dieser Stücke gesteckt wurde.

So ist die traditionelle Holzschnitzerei und Holzbildhauerei leider etwas ins Abseits geraten und erhält zudem häufig den Beigeschmack des Kitsches. Dabei bietet sie für jeden Interessierten eine hervorragende Grundlage für das Erlernen der Techniken und Möglichkeiten der plastischen Holzbearbeitung.

Nutzt man diese Gelegenheit, so kann man aufgrund der Auseinandersetzung mit der Tradition anfangen, seine eigene Kreativität zu entfalten. So können zum Beispiel ganz andere, kleine Figuren entstehen, die der Ausdrucksmöglichkeit des Hobbyschnitzers entsprechen und auch zeitgemäß wirken.

Auf diese Art entsteht eine direkte Verbindungslinie zwischen den jahrhundertealten Schnitzereien früherer Generationen, die diese Dinge im Winter und in ihrer Freizeit mit Freude und Einfachheit gestalteten, und dem modernen Menschen von heute, der eingespannt ist in die Hektik des Alltags und ebenfalls versucht, in seiner Freizeit Entspannung und Freude zu finden.

Dieses Buch richtet sich in erster Linie an den interessierten Anfänger, der den Wunsch hat, mit dem Werkstoff Holz zu arbeiten. Dabei spielt es keine Rolle, ob der Leser schon einmal mit diesem Material gearbeitet hat oder nicht. Worauf es ankommt, ist einzig und allein der Wille, es zu erlernen.

Die einzelnen Kapitel dieses Buches bauen aufeinander auf. Geht der interessierte Laie Schritt für Schritt die einzelnen Abschnitte durch, so merkt er beim Arbeiten, daß sich der Schwierigkeitsgrad langsam steigert. Ohne ihn dabei zu überfordern, wird ihm schrittweise der plastische Umgang mit Holz nähergebracht. Zu Beginn des Buches sind die wichtigsten Holzarten beschrieben. Auch die Möglichkeit, sich im häuslichen Bereich einen Arbeitsplatz einzurichten, ist aufgezeigt.

Ich wünsche allen Lesern viel Muße und Spaß bei der Erarbeitung ihrer eigenen, ganz persönlichen Werkstücke mit Hilfe dieses Buches.

Cornelia Rapp

Die gängigsten Holzarten und ihre Verwendung

Es gibt sehr viele unterschiedliche zur Verarbeitung taugliche Holzarten. Ich will mich jedoch in diesem Buch auf die meist in einheimischen Regionen wachsenden Hölzer beschränken. Von diesen wiederum erläutere ich nur solche, die für die Schnitzerei und Bildhauerei auch geeignet erscheinen.

Holz ist ein lebendiger Stoff, der im Laufe von vielen Jahren gewachsen ist. Gerade in unserer Zeit, wo viele Bäume krank sind und auch von Schädlingen und Stürmen bedroht werden, sollten wir sorgsam mit dem Material umgehen, das uns der Wald schenkt.

Beschreibung der einzelnen Holzarten

Linde

Zuerst wollen wir uns der Linde zuwenden. Sie ist ein einheimischer Laubbaum und das traditionelle Holz des Bildhauers und Schnitzers. Das Holz der Linde ist sehr hell, cremefarbig und von geschmeidiger, dichter Konsistenz. Gerade für den Anfänger ist dieses Holz bestens geeignet, da es sich relativ leicht schneiden läßt. Es bietet sich gerade für feinere Arbeiten an. Folgende Dinge kann man gut daraus herstellen: Schalen, Figuren aller Art und Größe, Reliefs, Ornamente und Kerbschnittarbeiten, Schriften und Masken. Lindenholz eignet sich hauptsächlich für den Innenbereich. Wurde es lange genug gelagert und getrocknet, so kommen kaum Risse und Verwerfungen vor.

Weymouthskiefer

Das Holz der Weymouthskiefer ist billiger als Lindenholz. Die Weymouthskiefer ist ein europäischer Nadelbaum und ihr Holz ist von heller, gelblich getönter Farbe. Von ihrer Konsistenz her ist sie spröder als die Linde, nicht so dicht, jedoch ebenfalls sehr gut zu schnitzen. Gerade für die ersten Versuche kann man dieses Holz gut verwenden. Es wird auch viel zum Schnitzen von Faschingsmasken verwendet, die nach der Fertigstellung bemalt werden. Die Holzmaserung ist deutlich zu sehen. Für den Außenbereich eignet sich das Holz der Weymouthskiefer nur bedingt, da es lediglich mäßig witterungsbeständig ist.

Eiche

Das Holz der Eiche (Laubbaum) ist zwar sehr hart und robust, eignet sich jedoch trotzdem für die Holzbildhauerei und Schnitzerei. Besonders für den Außenbereich stellt die Eiche ein sehr geeignetes Holz dar: Es ist sozusagen wetterfest. Seine Konsistenz ist hart und zäh, manchmal auch etwas faserig, aber trotzdem gut und sauber zu schneiden. Die Farbe ist ein warmes Braun, das mit der Zeit dunkler wird. Möglichkeiten der Bearbeitung: Schriften, z. B. für Wegweiser, Türschilder etc., Reliefs, Ornamente und Figuren, die jedoch nicht zu fein gearbeitet sein sollten. Ist das Holz nicht gut getrocknet, neigt es zu Verwerfungen und Rissen.

Wichtig: Jedes Holz dunkelt im Laufe der Jahre nach!

Hinweis: Wenn man eine Arbeit plant, bei der keine Risse entstehen dürfen, sollte man beim Holzkauf immer nachfragen, wie lange das Holz schon gelagert ist (Trockenzeit siehe Seite 8).

Weymouthskiefer

Eiche

Linde

Nußbaum

Nußbaum

Nußbaum (Laubbaum) ist ein sehr edles und teures Holz. Obwohl es hart ist, eignet es sich sehr gut zum Schnitzen. Seine Farbe geht von Gräulich-Braun bis zu sattem Braun. Seine Konsistenz ist dicht und feinfaserig. So eignet es sich auch für feine Arbeiten, kleine Figuren, Kerbschnittarbeiten, Reliefs, Ornamente und Schriften. Für den Außenbereich ist es nur mäßig geeignet. Es müßte imprägniert werden, wodurch es meiner Meinung nach seine natürliche Schönheit verliert.

Obsthölzer

Zu den Obsthölzern (Laubbäume) gehören der Kirschbaum, der Birnbaum, der Zwetschgen- und der Apfelbaum. All diese Arten gelten als Harthölzer, sind jedoch gut zum Schnitzen geeignet. Ihre Konsistenz ist sehr fein, und die Farben sind wunderschön: vom hellen Rot bis zum Braun und Grau-Rot. Bis auf Kirsche wird es allerdings schwierig sein, größere Stücke dieser Hölzer zu erwerben. Außerdem neigt das Holz zum Reißen. Es ist nicht so gut für den Außenbereich geeignet.

Hinweis: Schauen Sie sich in der Nachbarschaft um. Oftmals werden alte Obstbäume gefällt und man kann sie entweder günstig erwerben oder bekommt sogar kleine Stücke geschenkt. Aus diesen kann man dann kleine Figuren oder Tiere schnitzen.

Ulme (Rüster)

Ulme (Laubbaum) ist ein Hartholz und eignet sich besonders für größere Figuren und Skulpturen, die nicht so fein ausgearbeitet werden müssen. Das Holz ist von dunkler, bräunlicher Farbe und besitzt eine grobe Struktur, die bei der fertigen Arbeit sofort ins Auge sticht. Auffällig ist auch der Geruch von frisch geschnittenem Holz. Ulme ist für den Außenbereich nicht gut geeignet.

Hinweis: Oftmals stehen Ulmen am Straßenrand, die dann gefällt werden. Das Holz der Straßenbäume ist zwar generell von nicht so guter Qualität, kann aber eventuell für grobe Arbeiten noch verwendet werden. Fragen Sie in Straßenbauämtern nach. Auch in Parkanlagen werden manchmal Ulmen und andere Bäume gefällt. Dafür sind die Stadtgärtnereien zuständig.

Pappel

Die Pappel (Laubbaum) läßt sich relativ gut schnitzen und ist von heller, weißlicher Farbe. Die Struktur ist gleichmäßig und die Holzfaser etwas porös, deshalb braucht man sehr scharfe Eisen. Das Holz ist nicht witterungsfest. Es eignet sich unter anderem für Kerbschnittarbeiten, kleine Figuren, Schriften, Reliefs etc.

Fichte

Da die Fichte den meisten Lesern bekannt sein dürfte, möchte ich sie hier nur kurz erwähnen. Fichtenholz ist von gelblicher Farbe und weich. Es hat harte und weiche Fasern, ist außerdem sehr splittrig und eignet sich deshalb nicht für die Holzbildhauerei. Eine Ausnahme bildet das Beschnitzen von Deckenbalken und Möbeln mit Kerbschnitt. Für Figuren ist Fichte gänzlich ungeeignet. Fichtenholz wird und wurde viel in der Schreinerei verwendet. Aus diesem Grunde werden auch einige Einrichtungsgegenstände und Verkleidungen mit Schnitzereien verziert. Fichtenholz ist nur mäßig witterungsbeständig.

Birne

Ulme (Rüster)

Fichte

Pappel

Kirsch

Wo kann ich Holz erwerben?

Viele Leser werden sich fragen: Wo bekomme ich nun das Holz zum Schnitzen, wo kann ich es kaufen?

Stapelholz

Holzleisten

Hier einige Tips:

Manche Hobbyläden verkaufen kleinere, geschnittene und gehobelte Stücke Lindenholz. Das ist der einfachste und schnellste Weg, sich für den Anfang Holz zu beschaffen. Allerdings auch meist der teuerste. Wesentlich günstiger ist es in Schreinereien nachzufragen, ob es Reststücke von Weymouthskiefer, Linde oder den anderen beschriebenen Hölzern gibt. Besonders gut geeignet für die ersten Übungen sind auch kleine, gehobelte Leisten oder Brettchen.

Man kann sich auch an Holzwerke und Sägereien wenden. Diese haben meist eine größere Auswahl verschiedenster Hölzer. Das dort erstandene Holz kann man sich dann bei einem Schreiner je nach Bedarf zuschneiden lassen.

Eine andere Möglichkeit, die bereits erwähnt wurde, besteht darin, in Stadtgärtnereien nachzufragen. Oftmals werden in Parkanlagen alte Bäume gefällt. Allerdings ist dieses Holz nur als Stammabschnitt (das heißt als großes Stück) erhältlich und damit für den Anfänger meist zu umständlich zu transportieren und zu lagern.

Eventuell können Sie auch bei ortsansässigen Holzbildhauern nachfragen, ob sie Ihnen ab und zu ein Stück Linde verkaufen würden.

Lagerung

Hat man nun Holz gekauft, bringt man es zweckmäßigerweise in seinem Arbeitsraum unter. Handelt es sich jedoch um größere Mengen, so kann man diese unter Berücksichtigung einiger Regeln ohne weiters im Freien lagern. Auf folgendes ist dabei zu achten: Der Lagerplatz sollte möglichst überdacht sein, um das Holz vor Nässe und Feuchtigkeit zu schützen. Gibt es keine Überdachung, so deckt man den Holzstapel oder Stamm mit einer festen Folie oder mit alten, breiten Platten oder Brettern ab.

Das Holz wird folgendermaßen gestapelt: Man legt zuerst immer dicke, mindestens 15 cm starke Holzbohlen unter, um die Luftzirkulation zu gewährleisten. Auch sollte das Holz vom Boden fernbleiben, da es sonst anfängt zu faulen oder sich Schädlinge ansiedeln. Darauf legt man nun den geschälten und von der Rinde befreiten Stamm

bzw. die geschnittenen Holzbohlen. Hat man mehrere Bohlen, so legt man immer wieder Leisten zwischen das Holz. Um ein Verziehen des Holzes zu vermeiden, sollten die Leisten immer genau übereinanderliegen. Sie sollten außerdem möglichst weit außen liegen, um ein weites Einreißen des Holzes zu verhindern.

Zum Schluß wird alles abgedeckt, um den Stapel vor direktem Niederschlag zu schützen.

Hat man eine Arbeit geplant, so holt man sich das benötigte Holz rechtzeitig in seinen Arbeitsraum, damit es im Haus noch weiter austrocknen kann. Ganz frisch gefälltes Holz sollte erst einige Jahre liegen, bevor man es zum Schnitzen verwendet. Es ist sonst zu frisch und läßt sich nicht gut bearbeiten.

Das Trocknen dauert je nach Art und Größe des Holzes zirka ein bis vier Jahre. Dabei gilt als Faustregel: Ein Zentimeter Holzdicke entsprechen etwa einem Jahr Trockenzeit.

Stammlagerung

Noch ein Hinweis: Die Hirnholzenden sollten mit Farbe oder Lack bestrichen werden, um ein starkes Einreißen zu verhindern. Auch direkte Sonnenbestrahlung auf die Enden sollte nach Möglichkeit vermieden werden.

Holzlagerung

Hirnholzenden

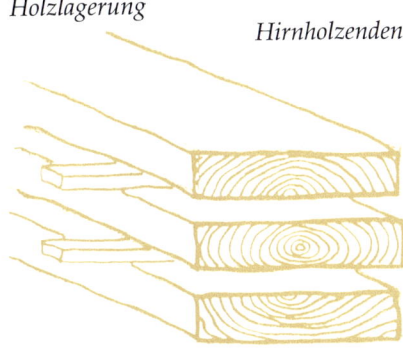

Der Umgang mit Holz

Holz ist ein lebendiges Material und neigt deshalb auch zum Reißen und Verformen. Bei der Auswahl des benötigten Werkstückes ist es wichtig zu bedenken, welche Art von Arbeit man ausführen möchte. Entscheidend für die Auswahl ist natürlich auch das individuelle ästhetische Empfinden.

Für eine einfache Form eignet sich zum Beispiel ein Abschnitt von einem Stamm oder Ast. Die Natur hat oft selbst die schönsten Formen hervorgebracht, und manchmal reicht

Trockenrisse im Rundholz

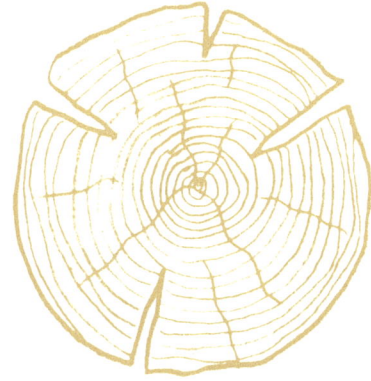

es schon, dieser Form mit dem Schnitzeisen nachzugehen und sie nur leicht zu verändern. Bei solchen Gebilden stört es unter Umständen gar nicht, wenn das Holz reißt. Anders ist es bei feineren Arbeiten. Ein voll ausgearbeiteter Kopf zum Beispiel würde an Schönheit verlieren, wenn Risse entstünden. Sollen Risse weitgehend vermieden werden, ist folgendes zu beachten:

Das Holz sollte lange genug getrocknet sein. Arbeitet man mit einem Stamm (Rundholz) oder mit kleineren Ästen von Obstbäumen, so muß der Kern des Holzes herausgebohrt werden. Anschließend wird das störende Loch mit einem angepaßten Holzstückchen verleimt. Holzkitt, in Heimwerkerläden erhältlich, kann ebenfalls verwendet werden (Gebrauchsanleitung beachten!).

Fachgerechtes Verleimen

Für größere Arbeiten kann man aus mehreren kleineren Brettchen einen größeren Rohling herstellen. Der Anfänger wird sich zunächst mit kleineren Schnitzarbeiten begnügen und ist deswegen nicht unbedingt gezwungen, das Holz vorher zu verleimen. Kommt man jedoch einmal in eine solche Situation oder werden die Arbeiten im Laufe der Zeit größer, so rate ich dem Anfänger, sein Werkstück in einer Schreinerei fachgerecht verleimen zu lassen. Ist jedoch der eine oder andere Leser daran interessiert, dies selbst auszuprobieren, so möchte ich dazu einige Tips geben:

linke Seite

rechte Seite

Die kernnahe Seite ist die rechte, die dem Baumrand nähere die linke Seite. Das Holz hat nun die Eigenschaft zu »schwinden«. Das bedeutet, die Feuchtigkeit weicht aus dem Brett, und es fängt an, sich zu verwerfen (verformen). Dabei zeigt sich folgende Eigenschaft:

linke Seite wird hohl

rechte Seite wird rund

Die rechte Seite wird rund, die linke wird hohl. Um eine geschlossene Verleimung zu erhalten, sollte man also immer links auf links verleimen. Andernfalls besteht die Gefahr, daß die Leimfugen beim Schwinden aufgehen.

---

1. Das Holz muß auf den zu leimenden Flächen glattgehobelt sein, damit es sich ohne Zwischenräume aneinanderfügen läßt.
2. Man verwendet wasserfesten Holzleim, den es in Heimwerkerläden zu kaufen gibt.
3. Sofort nach dem Leimauftrag preßt man die Flächen mit Zwingen oder der Zange der Hobelbank fest zusammen.
4. Dabei ist zu beachten, daß die richtigen Holzseiten aneinandergefügt werden, denn das Brett hat eine linke und eine rechte Seite.
5. Trockenzeit beachten!

Verleimt man mehrere Hölzer, so geht es folgendermaßen weiter:

Verleimung von zwei Bohlen

Verleimung von mehreren Hölzern

Verleimung von Brettern

Bei mehr als drei Hölzern wird die mittlere Bohle durch den Druck von beiden Seiten festgepreßt, so daß man dann rechts auf rechts, links auf links weiterleimen kann.

Beim Leimen von Brettern leimt man »Kern auf Kern, Splint auf Splint«, wobei Splint immer die dem Baumrand nähere Seite ist. Der direkte Kern sollte möglichst einige Millimeter ausgehobelt werden.

Hat man nun beim Schreiner oder anderswo das richtige Holz für seine geplante Arbeit erstanden, es eventuell verleimen lassen bzw. dies selber getan, besteht jetzt die Möglichkeit, sich sein Werkstück noch etwas zurechtzusägen. Ich empfehle den Anfängern jedoch immer, die Form allein mit dem Schnitzeisen und dem Bildhauerklüpfel herauszuarbeiten, um für das begonnene Werk ein besseres Gefühl zu bekommen.

Jeder Eingriff mit der Maschine stört den Prozeß der manuellen Formfindung, der langsamen Erarbeitung und der Auseinandersetzung mit dem Werkstoff Holz. Ausnahmen sind natürlich größere Arbeiten, bei denen zu Beginn erst viel Material weggeschlagen werden muß. In diesem Fall ist der maschinelle Eingriff eine Erleichterung.

Jeder Schreiner hat eine Bandsäge, die für diesen Zweck geeignet ist. Ist ihr Holzstück nicht zu dick, so können Sie es mit der Hand bzw. einer Stichsäge zuschneiden. Dabei sollte das Holz immer gut auf der Werkbank oder auf Holzböcken befestigt sein, um Verletzungsgefahr vorzubeugen.

Die wichtigsten Werkzeuge für den Anfang

Eisen

Schnitzeisen sind sehr teuer, und ich beschreibe hier nur eine Auswahl für den Anfang. So genügen vorerst zirka sechs bis zehn Eisen. Nach und nach kann man sich dann Werkzeug dazukaufen. Wichtig dabei ist, die besten Eisen zu kaufen.

Billiges Handwerkszeug ist in diesem Falle nicht angebracht und erschwert Ihnen nur unnötig das Arbeiten. Gute Gerätschaft hält oft ein Leben lang, in sie zu investieren ist also keine falsche Geldausgabe. Lassen Sie sich in Fachgeschäften beraten!

Grundformen der Eisen

Es gibt eine Vielzahl von unterschiedlichen Eisen. Alle zu erklären, würde den Rahmen dieses Buches sprengen und den Anfänger nur verwirren. Deswegen gehe ich nur auf die wichtigsten Grundformen ein und beschreibe nur die Werkzeuge, die für die Erarbeitung der Schale, der Figur etc. erforderlich sind. Am Anfang jedes Kapitels, das sich der schrittweisen Erarbeitung eines Werkstückes widmet, werden die benötigten Eisen ebenfalls erwähnt.

Grundformen: Man unterscheidet zunächst Balleisen, Flacheisen, Hohleisen (und Hohlbohrer) sowie gebogene oder gekröpfte Eisen.

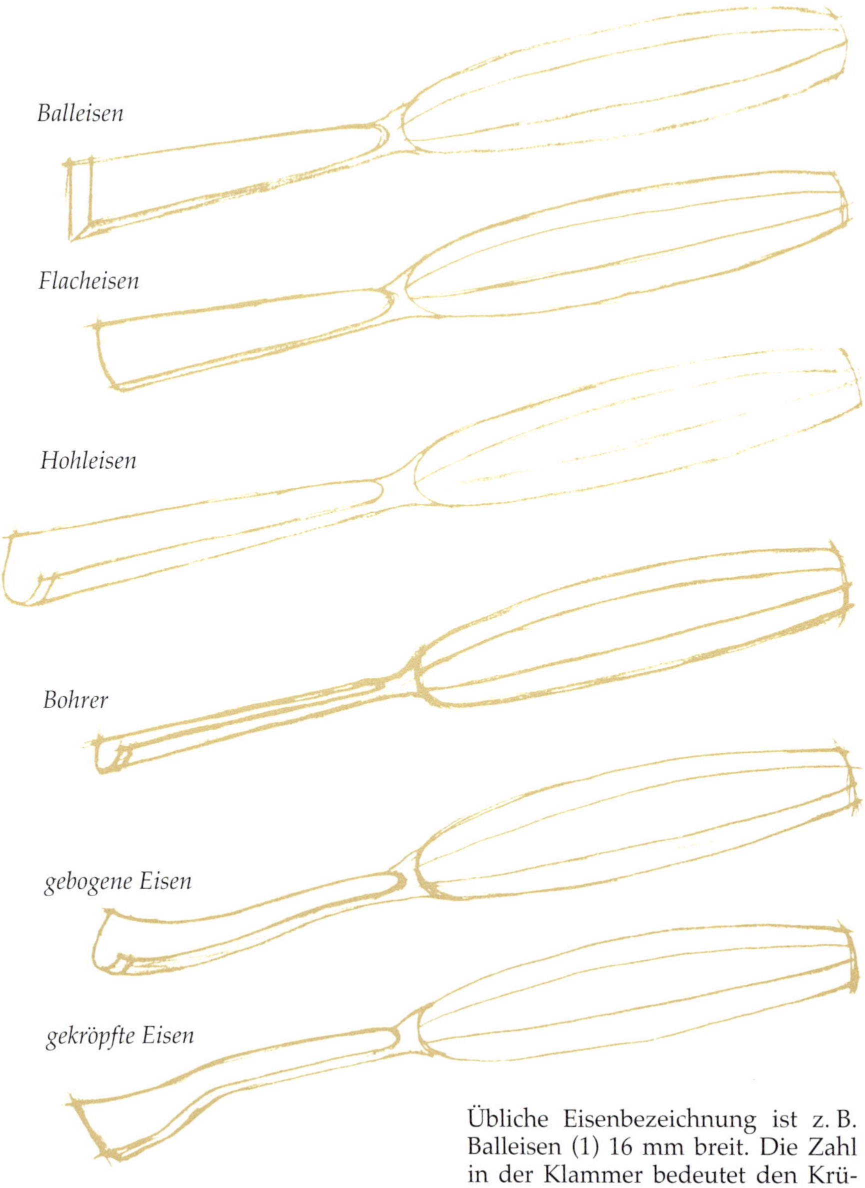

Balleisen

Flacheisen

Balleisen oder Flacheisen sind Werkzeuge, bei denen die Schneide gerade ist oder leicht gekrümmt.

Hohleisen

Hohleisen sind Werkzeuge, bei denen die Schneide in unterschiedlichem Maße gebogen ist.

Bohrer

Bohrer sind dünnere, stark gebogene Hohleisen.

gebogene Eisen

Außerdem gibt es gebogene und gekröpfte Eisen.

Speziell diese Form wird benötigt, wenn man mit dem geraden Eisen nicht mehr in eine Vertiefung kommt. In unserem Fall ist das der Boden der Holzschale.

gekröpfte Eisen

Übliche Eisenbezeichnung ist z. B. Balleisen (1) 16 mm breit. Die Zahl in der Klammer bedeutet den Krümmungswinkel der Schneide, auch »Stich« genannt, die im wesentlichen einheitlich ist.

*Ausarbeitung einer Vertiefung
mit Hilfe des gebogenen Eisens*

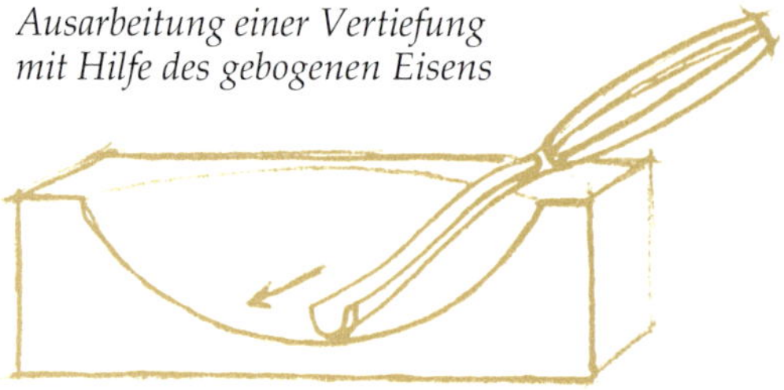

12

Aufbewahrung der Eisen

Hat man nun einige Schnitzeisen erstanden, sollte man sich auch um ihre sachgerechte Aufbewahrung kümmern. Läßt man nämlich sein Werkzeug kreuz und quer herumliegen, wird es mit Sicherheit schnell stumpf und schartig. Achtet man dagegen auf seine Eisen und pflegt sie entsprechend, gelingen die Schnitzarbeiten ganz bestimmt besser. Mit einer stumpfen Gerätschaft zu arbeiten ist mühsam und läßt einem schnell die Lust verlieren.

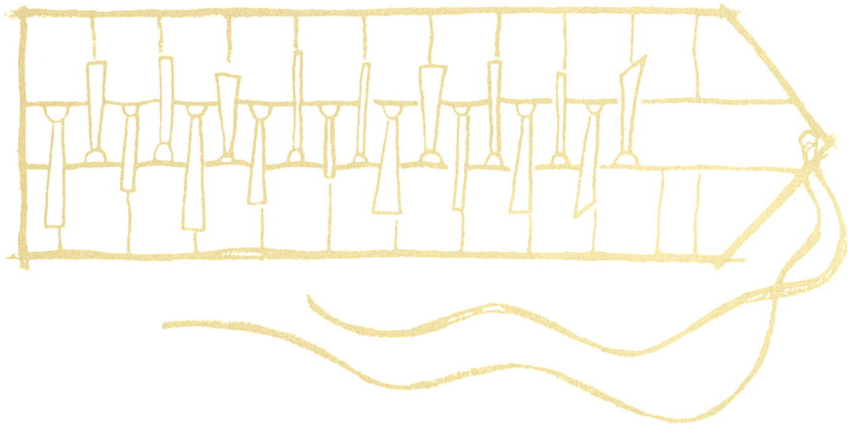

Werkzeugtasche mit Eisen

Hat man in seinem Werkraum genug Platz, so bietet sich zur sicheren Aufbewahrung der Eisen am Arbeitsplatz eine Halterung aus Holz an. Hängt man sein Werkzeug nun mit den Griffen nach oben in diese Halterung, hat man die Eisen jederzeit griffbereit zur Verfügung.

Hinweis: Zur Pflege der Eisen sollte man diese ab und zu mit einem sauberen Tuch abreiben und anschließend leicht mit Maschinenöl einreiben. Auf diese Weise ist das Werkzeug vor Rost geschützt.

Am besten eignet sich eine Werkzeugtasche zur Aufbewahrung. Man kann sie in Fachgeschäften kaufen oder auch aus festem Stoff selber nähen. Die Größe variiert je nach Eisenanzahl. In der Tasche liegen die Werkzeuge sicher verpackt und sind geschützt vor gegenseitiger Berührung. Rollt man die Tasche ein und bindet sie mit den Bändern fest, kann sie überallhin mitgenommen werden.

Wichtig: Die einzelnen Fächer müssen sich immer versetzt gegenüberliegen, damit die Eisen sich nicht berühren.

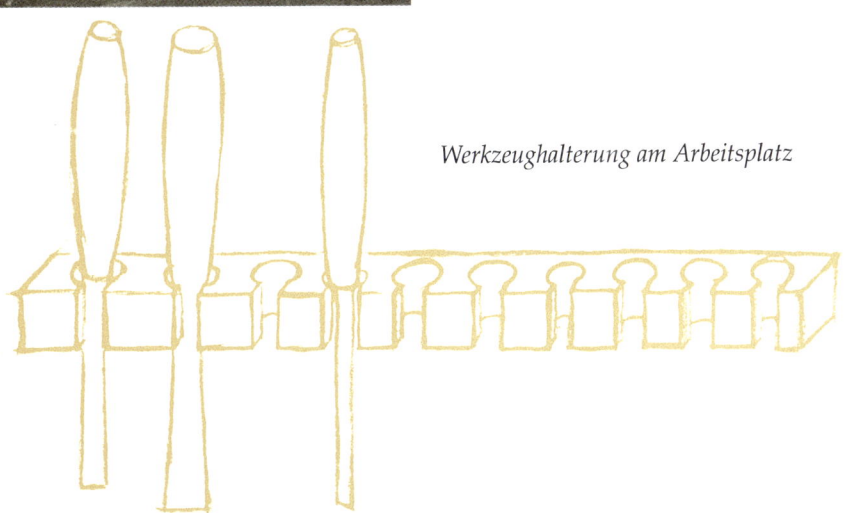

Werkzeughalterung am Arbeitsplatz

Schleifen der Eisen

Die neu erworbenen Werkzeuge sind meist nur vorgeschliffen, das heißt man kann mit ihnen in diesem Stadium noch nicht richtig arbeiten. Man muß sie also zuerst abziehen lassen bzw. dies selber tun. Mittlerweile gibt es einige Werkzeugspezialgeschäfte, die auch Schnitzeisen schärfen. Allerdings ist dies nicht ganz billig, und als Dauerlösung empfiehlt es sich durchaus, das Schleifen selber zu erlernen. Vielleicht kennen Sie auch Leute mit einer eigenen Schleifmaschine, die Ihnen Ihr Werkzeug schärfen. Viele Teilnehmer meiner Kurse hatten anfangs etwas Scheu vor dem Eisenschleifen. Dabei ist eigentlich nur etwas Zeit, Geduld und Übung notwendig, um es zu lernen.

Wichtig: Nur mit scharfem Werkzeug macht die Arbeit Freude. Ist das Eisen stumpf, quält man sich unnötig herum und verliert die Lust am Schnitzen.

scharfes Eisen   schartiges Eisen

Daß ein Eisen nicht scharf ist, erkennt man an der stumpfen Oberfläche des Schnittes auf dem Holz. Es zeigen sich sogenannte Riefen. Hält man das Werkzeug gegen das Licht, so sieht man die Scharten, die diese Riefen verursachen.

Die durch das Maschinenschleifen entstandenen Metallgrate werden auf dem »Belgischen Brocken« per Hand abgezogen

Sind die Scharten sehr tief, muß das Eisen mit der Maschine abgezogen werden. Kleinere Scharten kann man mit einem Schleifstein entfernen. Ich selbst besitze einen sogenannten Belgischen Brocken (das ist ein Naturstein), auf dem ich mein Werkzeug mit Wasser fein schleife. Den Vorschliff nehme ich mit der Schleifmaschine vor.

Für den Anfänger empfiehlt es sich auf jeden Fall, einen groben und einen feinen Abziehstein zu kaufen. Gerade dem Neuling passiert es beim Arbeiten öfter, daß die Eisen schnell schartig werden. Mit den Abziehsteinen kann er seine Eisen selbständig wieder in Ordnung bringen.

Hilfsmittel zum Schleifen

Abziehsteine

Es gibt verschiedene Arten von Abziehsteinen: Natur- und Kunststeine, grob- und feinkörnige, mit Öl oder Wasser schleifbare. Ist ein Eisen schartig, so versucht man, es mit einem grobkörnigen Stein zu schleifen. Dabei ist darauf zu achten, daß für Hartholz, z. B. Eiche, Ulme etc., die Fase (eine Schräge) des Werkzeugs kürzer angeschliffen wird (B) als bei Weichholz, z. B. Linde, Weymouthskiefer, Fichte etc. (A).

A
*für Weichholz
lange Fase*

B
*für Hartholz
kurze Fase*

Man schleift so lange, bis ein feiner Grat aus Metallhärchen entsteht. Dieser wird anschließend auf einem feinen Stein abgezogen. Dabei muß der Abziehstein so lange hin und her bewegt werden, bis der Grat abgefallen ist. Als Gleitmittel wird Wasser oder Öl verwendet.

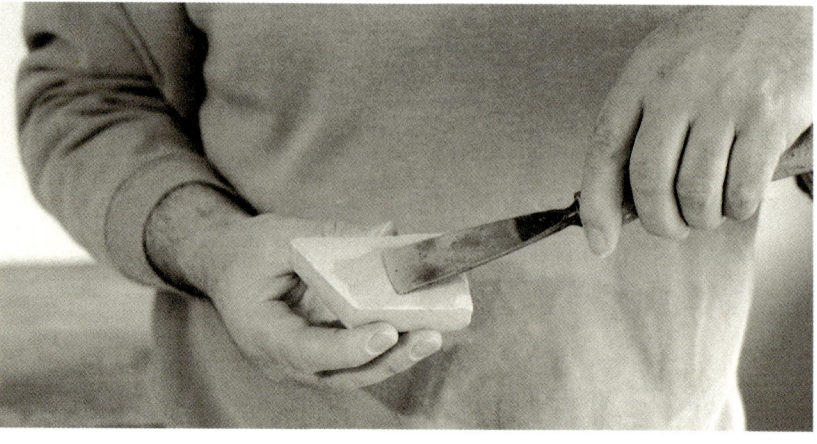

WERKZEUGE

Wichtig: *Immer den gleichen Schleifwinkel beibehalten, also nicht mit dem Eisen zu senkrecht in den Stein drücken, sonst wird das Werkzeug wieder stumpf! Es besteht auch die Gefahr, daß zwei unterschiedliche Schleifwinkel entstehen, und die Schneide nicht mehr glatt durchs Holz ziehen kann.*

Die innere Rundung oder Schneidkante des Eisens kann nun noch mit einem kleinen Formstein geschliffen werden. Es gibt sie in unterschiedlichen Ausführungen, die sich mehr oder weniger der Innenform des Eisens anpassen.

richtig *falsch (2 Winkel)*

Schleifen des Eisens auf dem Stein. Dabei muß der Winkel stets eingehalten werden.

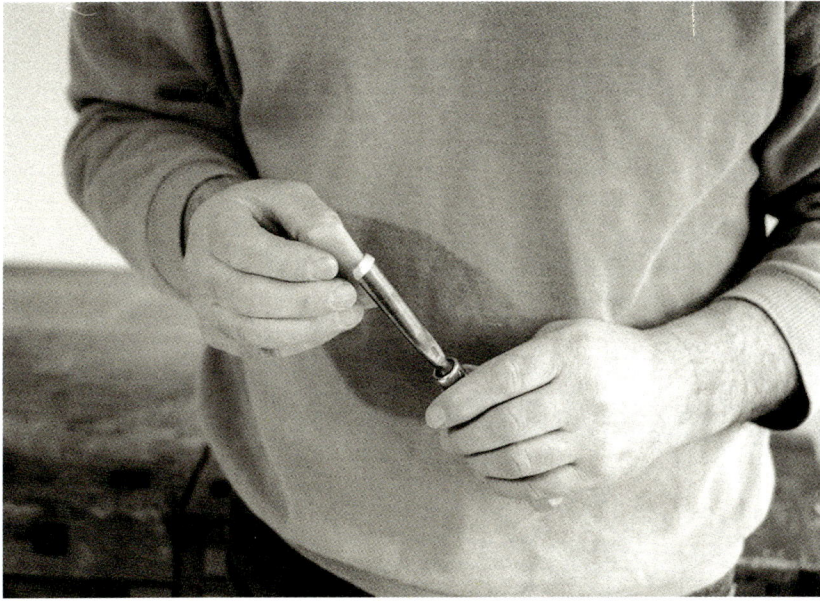

Mit einem Formstein wird die Innenseite eines Hohleisens geschliffen

Rundeisen können auch mit einem solchen Abziehleder geschärft werden, wenn man die Innenseite an der Rundung entlang zieht. Das Leder wird nun mit Abziehpaste, die es im Spezialgeschäft zu kaufen gibt, eingerieben. Anschließend führt man das Werkzeug mit leichtem Druck über das Leder. Durch das Abziehen wird die Schneide glatt und scharf.

Abziehleder

Als letzte Stufe des Schärfens wird das Metall auf einem Abziehleder poliert. Dadurch erhält es eine messerscharfe Schneide. Nun kann es zum Schnitzen gebracht werden. Ein Abziehleder findet man entweder mechanisch angetrieben an einer speziellen Schleifmaschine, oder man macht es sich selbst: Auf eine in Form geschnittene Holzleiste (siehe Zeichnung) klebt man ein Stück Leder, beispielsweise ein Stück von einem alten Gürtel. Die eine Seite des Holzes sollte abgerundet sein – mit Schleifpapier rund schleifen – darüber wird dann das Leder gespannt.

Abziehleder

Schleifen des Eisens auf einer naßdrehenden Schleifmaschine mit Kunststein. Die Gummischeibe links, dient zum Abziehen der Metallgrate nach dem Schleifvorgang.

Schleifmaschinen

Für den Anfang wird man sich nicht gleich eine Schleifmaschine zulegen. Trotzdem möchte ich kurz auf diese eingehen. Für den Bildhauer ist eine naßdrehende (mit Wasser), langsam laufende Maschine mit Sand- oder Kunststein optimal. Durch die langsame Drehung und das Wasser glühen die Eisen nicht aus. Der Vorgang dauert zwar etwas länger, dafür erhält das Werkzeug aber einen feinen Schliff. Auch die Verletzungsgefahr ist nicht so hoch wie bei anderen Maschinen.

Bei den herkömmlichen, trocken schleifenden Maschinen ist Vorsicht geboten. Es ist ratsam, eine Schutzbrille zu tragen. Auch ist unbedingt darauf zu achten, das Eisen nur leicht anzulegen, da es schnell ausglühen kann. Ein Glas mit Wasser dient zum Abkühlen des Eisens während des Schleifvorgangs.

Wichtig: *Das Eisen darf auf keinen Fall fest aufgepreßt werden! Die in der Bedienungsanleitung der Maschine angegebene Schleifrichtung ist unbedingt zu beachten!*

Wie beim Schleifen von Hand ist auf den gleichmäßigen Winkel zu

Fehlerhafte Schneiden als Orientierungsbeispiele:

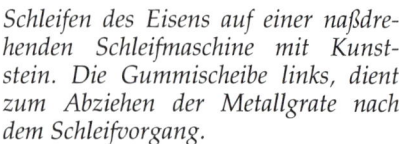

Schneide zu den Seiten zu abfallend

Rand der Schneide zu ungleichmäßig

Schneide zu flach angeschliffen

Richtig geschärftes Eisen

achten, und das Eisen muß vorsichtig hin und her bewegt werden. Ist ein Metallgrat entstanden, so kann man diesen auf der Gummiabziehscheibe der Maschine entfernen oder mit der Hand abziehen. Ich empfehle immer die Weiterbearbeitung per Hand mit Hilfe des Abziehsteines, da das Werkzeug dadurch schärfer und feiner geschliffen wird.

Bildhauerklüpfel in drei verschiedenen Größen und Gewichten: rechts schwerer Pokholzklüpfel, in der Mitte ein leichter Hartholzklüpfel, links ein mittlerer Hartholzklüpfel.

Bildhauerklüpfel

Klüpfel sind runde Hämmer aus Hartholz, mit denen man auf die Griffe (Hefte) der Schnitzeisen schlägt, um das Holz wegzuhauen. Es gibt unterschiedliche Größen und Gewichte. Ich empfehle für den Anfänger ein mittleres Gewicht. Sie sollten im Laden jedoch selbst ausprobieren, welcher Klüpfel Ihnen am besten in der Hand liegt.

Leichte Klüpfel verwendet man für feine, dünne Eisen; große und schwere werden für massive Plastiken gebraucht, bei denen viel Holz weggeschlagen werden muß.

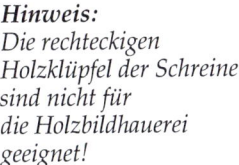

Schreinerklüpfel

Hinweis:
Die rechteckigen Holzklüpfel der Schreiner sind nicht für die Holzbildhauerei geeignet!

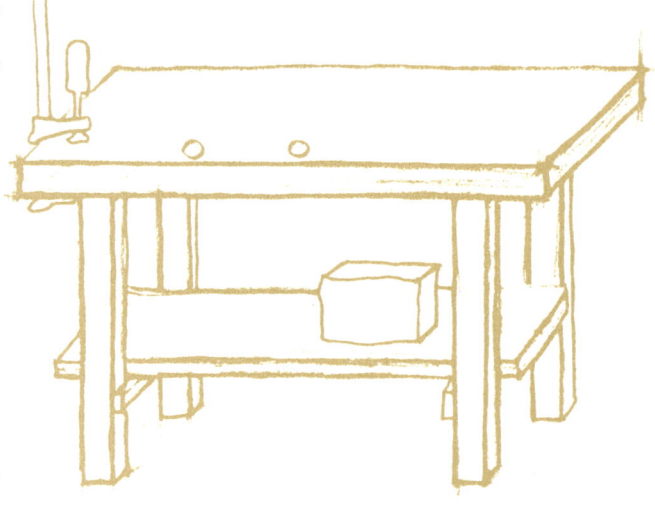

Hobelbank

Der Arbeitsplatz

Sicher findet jeder, der Freude am Schnitzen hat, bei sich zu Hause einen Platz, an dem er arbeiten kann. Ob es sich dabei um einen Hobbyraum, eine kleine Werkstatt, ein leerstehendes Zimmer oder einen Platz auf dem Dachboden handelt, ist im Grunde egal. Wichtig ist nur, daß Sie sich dort auch wohlfühlen und der Raum im Winter beheizbar ist. Ohne Heizquelle wird die Arbeit auf Dauer recht ungemütlich werden. Von Vorteil wäre auch direktes Tageslicht, das auf den Arbeitstisch fällt. Ist dies nicht möglich, sollte auf ausreichende (künstliche) Beleuchtung geachtet werden. Um

Fehler bei der Arbeit zu vermeiden, sollte die Lichtquelle keine harten Schatten werfen.

Am Anfang können Sie sich mit einem ausgedienten, festen, größeren Holztisch begnügen, den Sie aber auf jeden Fall noch etwas umändern müssen.

Arbeitstisch, der aus einem alten Tisch umfunktioniert wurde

**TIPS zur Vorbereitung
des Arbeitstisches:**
Der Tisch sollte eine Platte aus
Hartholz haben.
Die Platte sollte ein Stück hervor-
ragen, damit Zwingen befestigt
werden können.

Festschrauben des Tisches am Boden

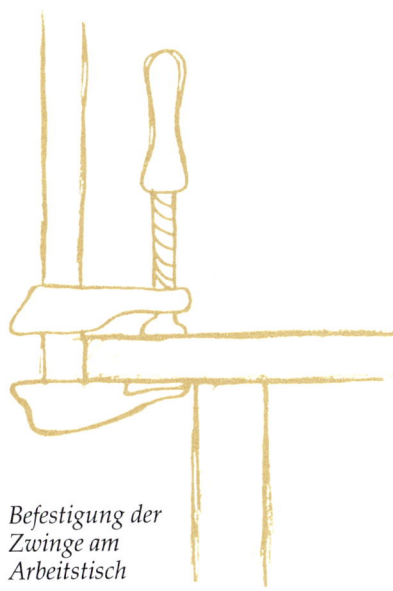

*Befestigung der
Zwinge am
Arbeitstisch*

Bankhaken in der Hobelbank

Durch die Arbeitsplatte müssen
Löcher im Durchmesser von ca. 3 cm
gebohrt werden. Sie dienen der Befestigung des Werkstückes mit Hilfe
von Figurenschrauben (siehe Kapitel Befestigen des Werkstückes, S.
21). Vielleicht haben manche Hobby-
schnitzer auch schon eine Werkbank zu Hause, die über Bankhaken
verfügt.

Wenn die Arbeitsbank zu leicht
ist, muß sie ebenfalls in oben be-
schriebener Weise beschwert werden.

Dritte und beste Möglichkeit ist
natürlich eine Bildhauer- oder Hobelbank. Wer so ein Stück nicht neu
kaufen will, kann es eventuell bei
einer Schreinereiauflösung oder
über Annoncen gebraucht und so-
mit günstiger erwerben.

Zu erwähnen bleibt noch der
Schnitzbock: Für große Holzarbeiten bevorzugt man einen niedrigen,
für mittlere und kleine Werkstücke
einen hohen.

Der Tisch muß mit Gewichten beschwert werden, um ein Wegrut-
schen beim Schlagen des Holzes zu
verhindern. Dazu schrauben Sie an
die Tischbeine feste Leisten, auf die
dann quer ein entsprechend langes
Brett gelegt wird. Darauf werden
nun die Gewichte gestellt, z. B. ein
gegossener Betonklotz, Steine,
schwere Metallteile etc. Übrigens
gibt es hier noch Platz, um andere
Dinge unterzubringen (z. B. Holz).
Eine andere Möglichkeit ist es, den
Tisch am Boden festzuschrauben.
Welche Art der Befestigung Sie bevorzugen, bleibt Ihnen überlassen.

*Hinweis: Der Arbeitstisch sollte nie zu
niedrig sein! Richten Sie Ihren Arbeitsplatz genau nach Ihren Bedürfnissen
ein.*

*Kleiner
Schnitzbock
mit Hart-
holzplatte*

*Großer
Schnitzbock
mit
Hartholzplatte*

Einspannen und Befestigen des Werkstückes

Vor dem ersten Kapitel mit handwerklichen Übungen noch die einzelnen Möglichkeiten der Befestigung der Rohlinge am Arbeitstisch:

Schraubzwingen

Für den Anfänger ist es der naheliegendste und einfachste Weg, das Werkstück zunächst einmal mit Schraubzwingen zu befestigen.

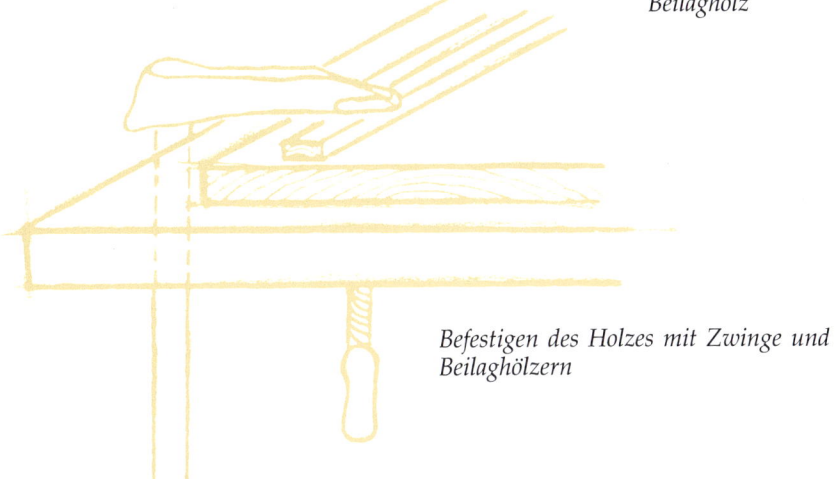

Beilagholz

Befestigen des Holzes mit Zwinge und Beilaghölzern

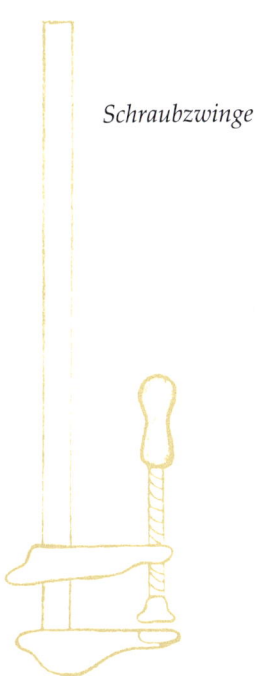

Schraubzwinge

Allerdings sind die Zwingen oftmals bei der Arbeit im Weg. Eine bessere Methode ist es also, das Werkstück auf ein beidseitig gehobeltes Holzbrett zu leimen.

Wichtig: Legen Sie dabei unbedingt ein Stück Zeitungspapier zwischen die Hölzer. So können Sie die beiden Teile nach der Fertigstellung leichter wieder voneinander trennen.

Befestigt wird das Brett dann mit den Zwingen. Diese Methode eignet sich gut für die Maske und das Relief (siehe Kapitel S. 42 und S. 50).

Verleimung des Holzes auf ein Brett. Dazwischen legt man Zeitungspapier

Bankhaken

Arbeitet man an einer Werkbank mit Bankhaken, so werden keine Zwingen benötigt. Das Holz wird auf den Werktisch gelegt, die Haken hochgeschoben und die Zange zu-

gedreht. Allerdings sollten auch hier Beilaghölzer nicht fehlen. Dadurch wird das zu bearbeitende Stück geschont. Ebenfalls können die Holzbacken der Hobelbank zum Einspannen benützt werden.

Einspannen mit Hilfe der Bankhaken und Beilaghölzer

Dazu legt man sein Holz auf den Arbeitstisch, legt links und rechts dünne Hölzer, sogenannte Beilaghölzer zum Schutz des Werkstückes zwischen und dreht die Zwinge fest. Übungsbrettchen, Brotzeitbrettchen und Schalen können so befestigt werden.

Einspannen des Holzes mit Hilfe der Backen der Hobelbank

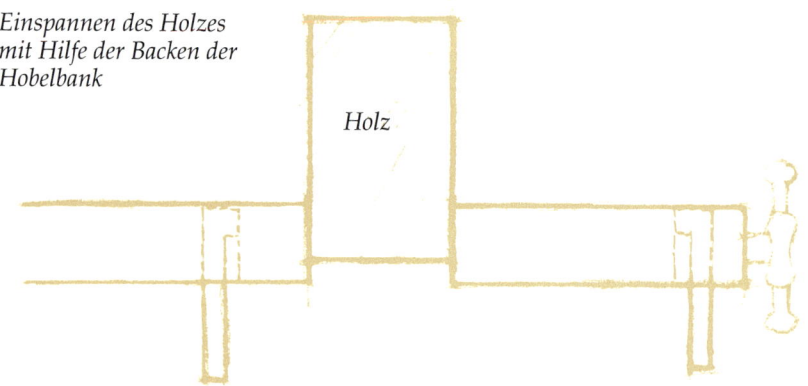

Holz

Anschließend steckt man das herausragende Ende der Schraube mit dem befestigten Holzstück durch die Bohrung in die Hobelbank oder dem Arbeitstisch. Von unten wird die Beilagscheibe oder das durchgebohrte Beilagholz angelegt. Durch festes Zudrehen der Flügelmutter wird das Werkstück nun gut am Arbeitsplatz befestigt.

Eine andere Möglichkeit ist es, das Werkstück von unten auf ein Holzbrett zu schrauben. Gerade bei kleinen Figuren (Tiere, Kopf, Figürchen, siehe entsprechende Kapitel S. 56 ff.) bietet es sich an, so zu verfahren. Das Brett kann dann wiederum zwischen die Bankhaken gespannt oder mit Zwingen auf dem Arbeitstisch befestigt werden.

Befestigung des Werkstücks mit Hilfe von Schrauben

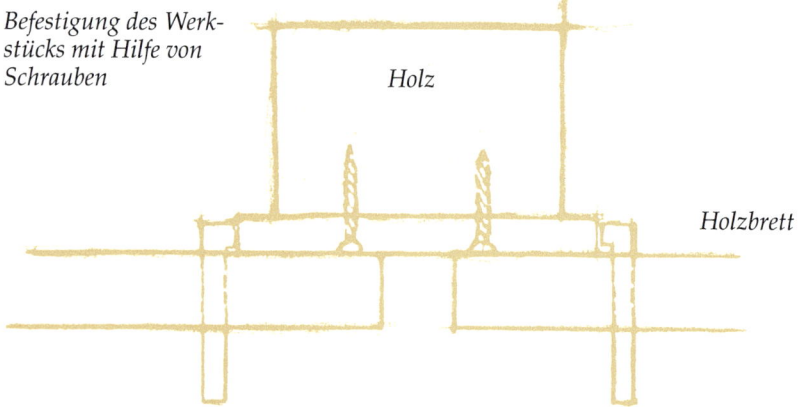

Holz

Holzbrett

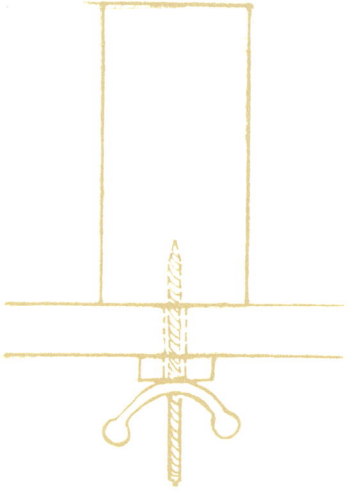

Befestigung des Holzes mit Hilfe einer Figurenschraube

Große und kleine Figurenschraube mit Beilagholz

Eine weitere, hervorragende Art der Befestigung ist die, mit Hilfe einer Figurenschraube. Es gibt sie in kleinerer und größerer Ausführung, wobei die kleinere Version selber angefertigt werden kann.

Anbringen einer Figurenschraube

Das Werkstück wird von unten her mit einem Holzbohrer (Durchmesser immer etwas kleiner als die Figurenschraube) vorgebohrt. Dabei ist zu beachten, daß sich die Bohrung möglichst in der Mitte der später fertigen Figur befindet. Nun dreht man die Schraube bis zu zirka 1/5 der Holzlänge in die Figur.

Hinweis: *Ein anderes Holzbrett kann zwischen Figur und Arbeitsplatte gelegt werden, um Beschädigungen an der Werkbank zu vermeiden. Auch in diesem Brett muß vorher eine Bohrung für die Figurenschraube vorgenommen werden.*

Bei dieser Befestigungsart ist der Schnitzer frei von hinderlichen Metallzwingen, Bankhaken oder Schraubstöcken. Eine große Schraube hält auch enorm viel aus. Sollte sich jedoch die Figur beim Schlagen trotzdem anfangen zu drehen, muß das Holz noch zusätzlich mit weiteren, kleineren Schrauben arretiert werden. Um die Drehung zu verhindern, kann auch eine Leiste mit Zwingen dagegen bzw. dahinter geklemmt werden.

Wichtig: *Bei allen Arten von Schrauben ist darauf zu achten, diese in Stellen einzudrehen, die später nicht freigelegt werden müssen.*

Befestigen des Werkstücks mit Hilfe einer Figurenschraube auf der Bildhauerbank. Daneben Figurenschrauben in verschiedenen Größen

TIP:
Im Eisenwarengeschäft gibt es günstig sogenannte »Waschbeckenschrauben«, die sich für kleinere Arbeiten gut als Figurenschraube verwenden lassen.

Übungsbrett – Erste Übungen mit Holz

Material und Werkzeug
– Hohleisen (8) 8 mm breit
– Balleisen (1) 16 mm breit
– gebogenes Flacheisen (4) 18 mm
Holzart: Lindenbrettchen
Maße: Länge 39 cm, Breite 10 cm, Tiefe 2 cm

Diese Übungen dienen zur Erprobung der Schnitteigenschaften des Holzes. Für diese Probeschnitte nimmt man ein einfaches Brettchen aus Weymouthskiefer oder Linde. Zum Schnitzen brauchen Sie folgende Eisen: Balleisen, leicht gebogenes Flacheisen und ein kleines Hohleisen. Bei diesen Übungen erspürt man den Faserlauf des Holzes; wie es sich verhält, wenn man quer zur Faser, längs der Faser oder gegen die Faser schneidet. Auf Schönheit kommt es hier noch nicht an!

1 Zu Beginn zeichnen wir mit dem Bleistift Linien quer zur Faser auf das Holz. Mit dem kleinen Hohleisen bei gleichzeitigem Vorschieben in das Holz drücken. So werden mit dem Eisen Linien quer zur Faser gezogen. Vorsicht am Ende des Brettchens, bei zuviel Druck saust das Eisen durch!

2 Anschließend die gleiche Übung längs zur Holzfaser. Das Eisen wird nicht ganz bis zum Ende des Striches geführt, sondern von der anderen Seite entgegen gearbeitet.

25

3 Nun wird das Balleisen verwendet. Mit dem Bleistift werden kleine Dreiecke auf das Brett gezeichnet. Vorsichtig setzt man das Eisen schräg innerhalb des Striches an und schneidet von allen Seiten her die drei Flächen schräg nach unten, bis sie sich in einem Punkt treffen.

Der Vorgang wird mehrere Male wiederholt, nämlich so lange, bis die geschnittene Fläche sauber ist. Die Kanten des Dreiecks werden noch von eventuellen Holzsplittern befreit. Mit diesem Muster kann man schöne Ornamente entwerfen, z. B. Rosetten aus Dreiecken konstruieren etc.

4 Jetzt kommt das leicht gebogene Flacheisen zur Verwendung. Mit dem Stift werden blattförmige Muster auf das Holz gezeichnet.

Das Werkzeug wird etwas schräg an der Linie angesetzt und mit einer drehenden, gleichzeitig ein wenig nach unten drückenden Bewegung entlang des Striches gezogen. Dies erfolgt von beiden Seiten. Ein nochmaliges Nachschneiden ist erforderlich, um einen exakten, sauberen Schnitt zu bekommen.

5 Als letzte Übung probieren wir das sogenannte Pfeifenmuster aus. Hierzu benötigen wir erneut das kleine Hohleisen. Dieses wird fast senkrecht in das Holz gestochen. Dabei ist darauf zu achten, daß das Holz nicht hinterschnitten wird.

Es muß also vom abgesetzten Holz eine senkrechte Fläche stehenbleiben. Diese sollte nicht nach hinten abfallen. Dann setzt man zirka eineinhalb Zentimeter vor dem Einstich mit dem Eisen flach an und führt es vorsichtig darauf zu.
Bei zu viel Druck besteht die Gefahr des Durchsausens und die Erhebung würde dabei gleich weggeschnitten werden.

All diese Grundübungen eignen sich sehr gut, um schöne Muster und Rosetten zu entwerfen und zu realisieren.

Holzschale

Material und Werkzeug
Holzart: Linde
Maße: Länge 41 cm, Breite 27 cm, Höhe 6,5 cm
Eisen:
großes Flacheisen (3) 30 mm
großes Flacheisen (5) 35 mm
gekröpftes Balleisen (1) 20 mm
gebogenes Hohleisen (8) 18 mm

1 Für unsere Schale verwenden wir Lindenholz in den obigen Maßen. Man kann die Schale aus einem Stück herausarbeiten oder das Holz vorher verleimen lassen. In unserem Beispiel ist das Holz verleimt, um die angegebene Höhe zu erreichen. Hat man sich Gedanken über die Form der Schale gemacht und die Ideen auf Papier festgehalten, so überträgt man anhand einer Schablone die obere Form der Scha-le auf das Übungsstück. Dabei ist zu berücksichtigen, daß an den schmalen Seiten jeweils noch zirka zwei Zentimeter oder mehr Platz (Holz) gelassen wird, um die Schale mit Zwingen oder Bankhaken auf dem Arbeitstisch befestigen zu können. Zur Arbeitserleichterung können die Ecken mit der Stichsäge (eventuell vom Schreiner machen lassen!) abgesägt werden.

2 Nun beginnt das Rausschlagen des Innenraumes mit einem großen Flacheisen (3) 30 mm. Zuerst schlägt man von beiden Seiten her längs der Faser immer tiefer. Dann arbeitet man sich von den Längsseiten her zur Mitte in die Tiefe, also quer zur Faserrichtung. Um das Ausreißen des Schalenrandes zu verhindern, sticht man den angezeichneten Rand vorher vorsichtig ab.

3 Mit einem stärker gekrümmten Eisen (5) 35 mm fährt man fort, nun wieder vom Rand her weiter in die Tiefe zu arbeiten. So trägt man Schicht für Schicht ab.

TIP:
Drehen Sie die Schale öfter um, so können Sie alle Seiten gut erreichen.

Die innere Höhe muß gemessen werden, damit der Boden nicht zu dünn wird; dazu wird ein Lineal, eine Holzlatte oder Ähnliches auf den Schalenrand gelegt. Man mißt nun mit Bleistift oder Meterstab die innere Tiefe und vergleicht diese mit der äußeren Höhe.

4 Die Schale höhlen Sie nun vorsichtig mit dem Werkzeug weiter aus und schneiden sie gleichzeitig schon etwas glatter. Dabei gibt es zwei Möglichkeiten: Sie können das Innere mit dem gebogenen Flacheisen gleichmäßig glattschlagen (ergibt eine stärkere Struktur) oder vorsichtig, mit leichtem Druck, das Eisen mit der Hand darüberführen (ergibt eine glattere Oberfläche).

5 Der Schalengrund wird mit dem gekröpften Hohleisen oder mit dem leicht gebogenen Flacheisen ausgearbeitet. Nur mit diesen Spezialeisen erreicht man den tiefer gelegenen Boden mühelos.
Hier können erstmals Probleme auftauchen. Auf dem Grund und an den Seiten der Schale trifft der unterschiedliche Faserverlauf aufeinander. Daraus ergeben sich für den Anfänger Probleme, da er bei der sauberen Ausarbeitung des Inneren immer tiefer ins Holz gerät.

TIP:
In diesem Fall ist es ratsam, mit dem Eisen quer zur Faser das stehengebliebene Holz vorsichtig wegzunehmen. So erreicht man eine glatte, saubere Oberfläche. Übrigens wird diese Schwierigkeit mit dem unterschiedlichen Faserverlauf bei allen weiteren Holzarbeiten auftauchen.

6 Nun die Schale umdrehen. Die Mitte des Schalenbodens wird aufgezeichnet. Dazu legt man eine Hand in die Mitte des Schaleninneren und erfühlt mit der anderen von ober her etwa den gleichen Punkt. Man beginnt damit, die Ecken mit dem Flacheisen (5) 35 mm nach außen hin abzuschlagen.

Wichtig: Das Holz für Zwingen und Bankhaken bleibt bis zum Schluß stehen.

7 Die Gefahr, in die Bank zu schlagen, ist groß. Eventuell hilft es, ein Holzbrett unterzulegen. Nun werden auch die Seiten nach unten weggeschlagen. Zur Arbeitserleichterung können die Ecken mit der Stichsäge weggesägt werden.

Wichtig: In der Mitte eine kleine Standfläche stehenlassen, damit die Schale einen guten Stand hat.

8 Ist das Gröbste weggehauen, wird die äußere Form nochmals straff überarbeitet. Das heißt, es wird ihr durch das Eisen eine endgültige Form gegeben.

TIP:
Es ist ratsam, die Schale immer wieder auszuspannen und umzudrehen, um sich einen Gesamteindruck verschaffen zu können. Dadurch wird vermieden, daß am Rand zu dünne Stellen entstehen.

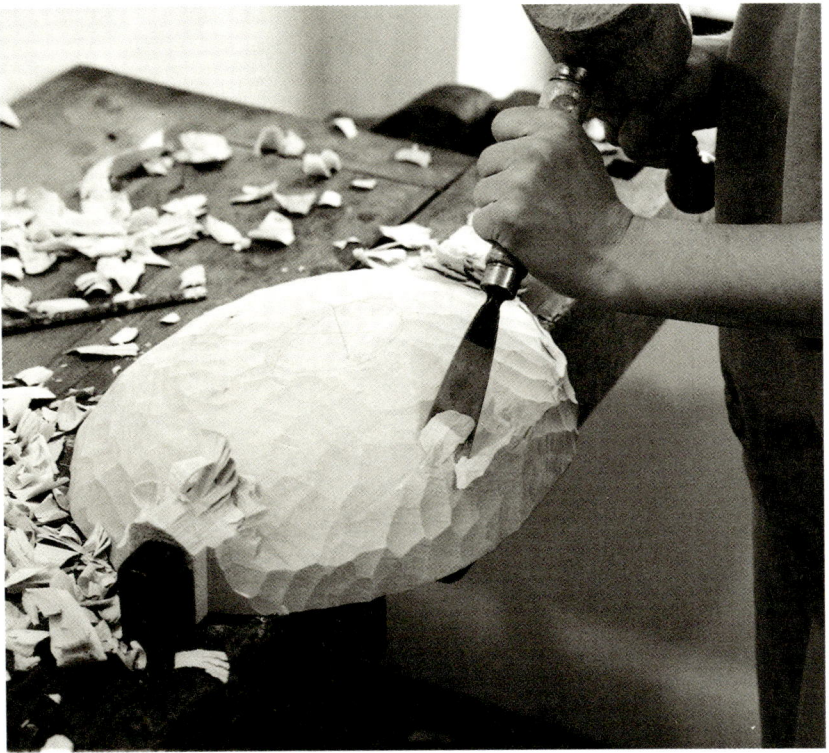

9 Drehen Sie jetzt die Schale um und schneiden Sie vorsichtig den äußeren Rand nach, bis er die gewünschte Stärke erreicht hat. Danach können Sie ihn je nach Belieben glatt lassen oder runden. Bei diesem Arbeitsvorgang muß auch etwas vom Inneren der Schale zum Äußeren zugearbeitet werden. Nur so wird eine saubere Form erreicht.

10 Nun beginnt die Feinarbeit an der Schale. Mit dem leicht gebogenen Eisen (3) 30 mm werden die runden Flächen überarbeitet. Für diese Arbeit ist kein Klüpfel notwendig. Nehmen Sie das Eisen in beide Hände und fahren Sie mit leichtem Druck über die Unregelmäßigkeiten der Oberfläche. Dabei können Sie das Flacheisen auch verkehrtherum halten, da sich sonst die Ecken des Eisens im Holz verkanten würden.

Ist die Schale glatt überarbeitet, wird sie in der Mitte mit einer Zwinge an der Werkbank befestigt.

TIP:
Legen Sie unbedingt Holz zwischen Zwinge und Schale, da sonst die Oberfläche der Schale eingedrückt wird.

11 Im letzten Arbeitsvorgang werden nun die stehengelassenen Holzreste, die zur Befestigung dienten, vorsichtig weggeschlagen. Auch diese Hirnholzseiten müssen anschließend noch glatt geschnitten werden.

Ihre fertige Schale eignet sich bestens im Winter als Nuß- und im Sommer als Obstschale. Sie ist auch ein beliebtes Geschenk.

Dekoratives Küchenbrett

Material und Werkzeug:	Hohleisen (10) 16 mm
Holzart: Ahorn	Balleisen (1) 16 mm
Maße: Länge 46 cm, Dicke 3,5 cm,	großes Balleisen (1) 25 mm
Breite 30 cm	kleines Flacheisen (6) 8 mm
Eisen:	kleines Flacheisen (3) 10 mm
größeres Flacheisen (3) 30 mm	kleines Hohleisen (8) 6 mm

1 Beim Schreiner kann man sich anhand einer Skizze das Holz für das Brett zuschneiden und verleimen lassen. Ahorn ist als Hartholz besonders gut für ein Küchenbrett geeignet. Besonders ansprechend finde ich die Idee, das Brett in Fischform zu arbeiten. Dazu entwirft man auf Papier die entsprechende Form des Fisches. Anschließend überträgt man die Skizze auf das Ahornbrett. Vorher ist zu überlegen, was auf dem Ahornbrett geschnitten werden soll, um seine Größe festzulegen.

Sehr nett sind auch kleinere Brotzeitbrettchen, in die z. B. oben am Rand eine einfache, stilisierte Kuh geschnitzt wird. Als Geschenke sind diese Schnitzereien sehr begehrt.

Das Aufzeichnen erfolgt entweder anhand einer Schablone aus Papier, oder man paust den Entwurf mit Kohlepapier durch. Dabei tut man sich leichter, wenn das endgültige Skizzenpapier genauso groß ist wie das Brett. Ist der Fisch übertragen, sägt man mit einer Stichsäge die Konturen aus, oder man läßt diese Arbeit in einer Schreinerei verrichten.

2 Nun vorsichtig damit beginnen, die Ränder mit den oberen und unteren Flossen, den Kopf und die Schwanzflosse leicht nach unten wegzuschlagen. Die glatte Schnittfläche des Brettes bleibt dann die höchste Stelle. Hierzu benötigen wir das Flacheisen (3) 30 mm.

Mit einem Balleisen (1) 16 mm schneiden wir sauber den Rand der Schnittfläche, um anschließend die äußeren Ränder weiter nach unten zu ziehen. Diese sollten ebenfalls eine gleichmäßige ebene Fläche ergeben. Dafür großes Balleisen (1) 25 mm verwenden.

Anschließend formt man die Schwanzflosse und rundet die Ecken und Kanten ab, bis sich eine ansprechende Form ergibt.

Ebenso verfährt man mit den Rückenflossen. Diese werden nochmals mit dem kleinen Balleisen eingeschnitten, überarbeitet und geformt.

Alle Ränder werden zum Schluß sauber geschnitten und geschlagen. Die Bearbeitungsstruktur darf ruhig sichtbar werden. Die unteren Kanten werden ebenfalls abgerundet. Es sieht auch sehr schön aus, wenn die Struktur abwechselt, also von ganz glatt gearbeitet bis grob gehauen reicht.

3 Ist der Fisch nun sauber ge-
schnitzt, beginnt man mit den
Verzierungen und dem Auge. Letz-
teres zeichnet man auf. Mit einem
kleinen, stark gebogenen Flacheisen
(6) 8 mm wird es ausgestochen und
rund geformt.

4 Die Verzierung der Seiten wird
mit einem Hohlbohrer (8) 6 mm
geschnitten. Wir wählen das schon
geübte Pfeifenmuster. Sorgfältig stechen wir Rundkerbe für Rundkerbe
aus, und erzielen damit einen schö-
nen Kerbschnitt. Bei der Rundung
des Fisches müssen Sie quer zur Faser und gegen die Faser schneiden,
deshalb ist äußerste Vorsicht geboten, um ein Abrutschen des Eisens
zu vermeiden.

5 Den oberen Rand des Kopfes verzieren wir ebenfalls als Einrahmung der Schnittfläche mit dem Pfeifenmuster. Dazu benutzen wir einen größeren Hohlbohrer (10) 16 mm.

An dieser Stelle sollte mit dem Klüpfel geschlagen werden, da Ahorn sehr hart ist.

Zur Auflockerung der Form schmücken wir die Schwanzflosse mit einfachen Einkerbungen in Längsrichtung. Hierzu benötigen wir ein kleines Balleisen (1) 16 mm. An den markierten Linien stechen wir das Eisen ein und ziehen es vorsichtig entlang der jeweiligen Linie durch. Von der anderen Seite her wiederholen wir den Vorgang, bis eine saubere Rille entstanden ist. So reihen wir die Kerben nebeneinander.

Zuletzt wird mit der Bohrmaschine oder einem Handbohrer ein 9 mm starkes Loch durch die Schwanzflosse gebohrt, um das Küchenbrett auch aufhängen zu können.

Holzgesicht

Material und Werkzeug
Holzart: Weymouthskiefer
Maße: Länge 24,5 cm,
Breite 20 cm, Dicke 7,5 cm
Eisen:
größeres Flacheisen (3) 30 mm
Hohleisen (10) 16 mm
kleines Flacheisen (3) 10 mm
Balleisen (1) 16 mm
mittleres Flacheisen (4) 20 mm
kleines Hohleisen (8) 6 mm
Balleisen, schräg (2) 18 mm

Ich verwende für diese Übung eine Weymouthskiefer. Das Holz ist verleimt und auf obige Maße zugeschnitten.

1 Anfangs werden einige Skizzen entworfen, wovon eine dann auf das Holz übertragen wird. Bei dem Entwurf können Sie Ihrer Phantasie freien Lauf lassen.

2 Ist das Holz eingespannt, beginnt man, vom höchsten Punkt aus – das ist die Nasenspitze – schräg nach unten in alle Richtungen die Masse wegzuschlagen. Hierfür benötigen wir das ganz leicht gebogene Flacheisen (3) 30 mm. Man sollte auch darauf achten, daß man beim Einspannen Beilaghölzer verwendet. Beilaghölzer sind Abfallstücke am Holz, die zwischen Werkstück und Zwinge oder Bankhaken gelegt werden und das Werkstück beim Einspannen vor Druckstellen schützen. Je weiter man nach unten wegschlägt, desto niedrigere Hölzchen müssen genommen werden, da sie sonst der Arbeit im Wege sind.
Schicht für Schicht wird so das Holz abgetragen. Für Ungeübte ist es ratsam, das Werkstück auf eine etwas größere Holzplatte zu leimen, um die Hobelbank vor Beschädigung beim Abschlagen zu schützen. Je senkrechter man am oberen und unteren Ende des Holzes schlägt, desto schwerer geht es. Hier handelt es sich um Hirnholz, das zäh zu schneiden ist. Vorsicht! Nicht in die Zwingen oder Bankhaken schlagen, da sonst die Eisen schartig werden.

3 Als nächster Schritt müssen die Ecken des Holzes weggeschlagen werden, um das Werkstück mehr zu runden. Dann läßt man die Kinnpartie oval zulaufen, während die Stirn runder bleibt. Die genaue Form richtet sich natürlich nach Ihrem individuellen Entwurf.

4 Nun markiert man erneut wichtige Orientierungspunkte, wie Augenbrauen, Nase und Mund.
Jetzt benötigen wir einen mittleren Hohlbohrer (10) 16 mm, um die beiden Augenbrauen abzusetzen. Auch die Nase wird mit einem kleinen flachen Eisen (4) 20 mm an den Seiten tief nach unten geschlagen. Von der Nasenspitze aus wird ebenfalls schräg nach hinten bis hin zur Nasenwurzel abgeflacht.

TIP:
Sehr hilfreich ist es, sich immer wieder am lebendigen Menschen zu vergewissern, wie z. B. eine Nase nach hinten verläuft, wie tief die Augen liegen etc. Ein Blick in den Spiegel während der Arbeit kann oft weiterhelfen.

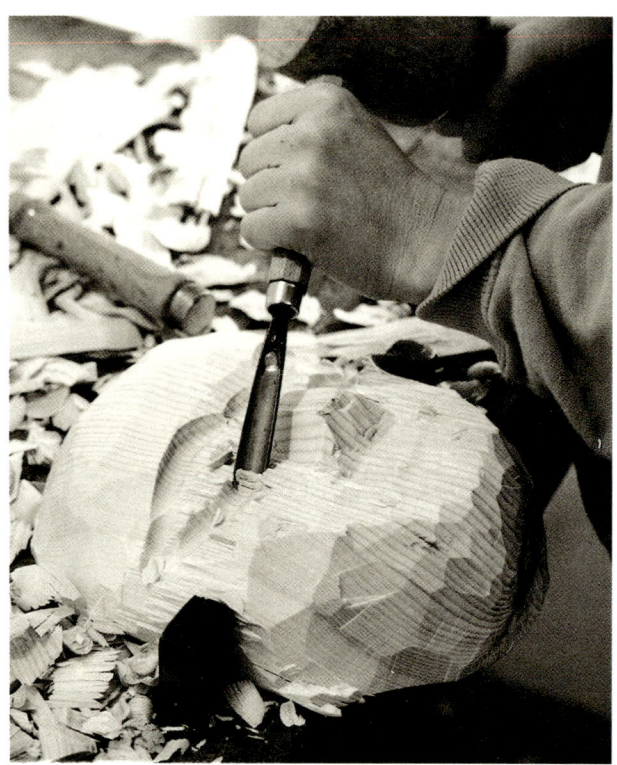

5 Im nächsten Schritt muß die Stirnpartie mit dem tiefsten Punkt der Nase (Wurzel) verbunden werden. Die Augenbrauen werden ebenfalls erneut mit dem Hohleisen festgelegt, die Nasenbreite nach oben hin verschmälert. Mit dem Hohleisen werden die Augen festgelegt.

Auf die gleiche Weise fixiert man die Umrisse des Mundes. Anschließend wird das Kinn weiter nach unten gedrückt und das überschüssige Holz an der Wangenpartie in Form geschlagen.

Da das Gesicht meist noch zu breit ist, korrigiert man die äußere Form. Außerdem drückt man Augenbrauen, Augen und Mund an den Seiten nach unten, so daß eine Rundung entsteht. Immer wieder ist es wichtig, die einzelnen Formen und Flächen miteinander zu verbinden. Das geschieht, indem man das überschüssige Holz wegschlägt und dann z. B. die Wange in die Kinnpartie übergehen läßt.

6 Ist die grobe Form des Gesichts festgelegt, beginnt man mit der Ausarbeitung. Dabei schmälert man zuerst die Nase und bohrt Nasenlöcher mit einem kleinen Hohlbohrer (8) 6 mm in das Holz. Augen, Mund und Stirn werden erneut mit dem Hohlbohrer korrigiert. Stirn und Kinnpartie werden ebenfalls in der Form gestrafft, bis das Gesicht die gewünschte Form erreicht hat.

7 Dann beginnt man mit der Ausarbeitung der Augen und der Augenpartie. Mit dem Hohlbohrer (10) 16 mm fährt man in der Mitte des Auges der Länge nach durch.

Mit einem leicht gebogenen Flacheisen (4) 20 mm wird nun das Augenlid abgestochen. Das Innere des Auges rundet man zum Lid hin und formt so einen Augapfel mit dem Eisen (3) 10 mm. Dieser Vorgang wird ebenfalls im Zusammenspiel mit dem Korrigieren der einzelnen Formen des Auges wiederholt, bis ein befriedigendes Ergebnis erreicht ist.

8 Als nächstes formen wir den Mund: Mit dem Hohlbohrer (10) 16 mm zieht man eine Vertiefung in der Mitte des Mundes, um Ober- und Unterlippe anzulegen. Die Lippen werden an den Seiten abfallend nach unten gearbeitet. Die Oberlippe wird zur Mundöffnung hin abgeschrägt. Die Mundpartie lassen wir zur Nase hin abfallen. Die Unterlippe wird zur Mundöffnung hin geformt. Legen Sie mit dem Hohleisen rundherum die endgültige Lippenform fest, und bringen Sie die einzelnen Formen des Mundes und des Umfeldes in Verbindung.

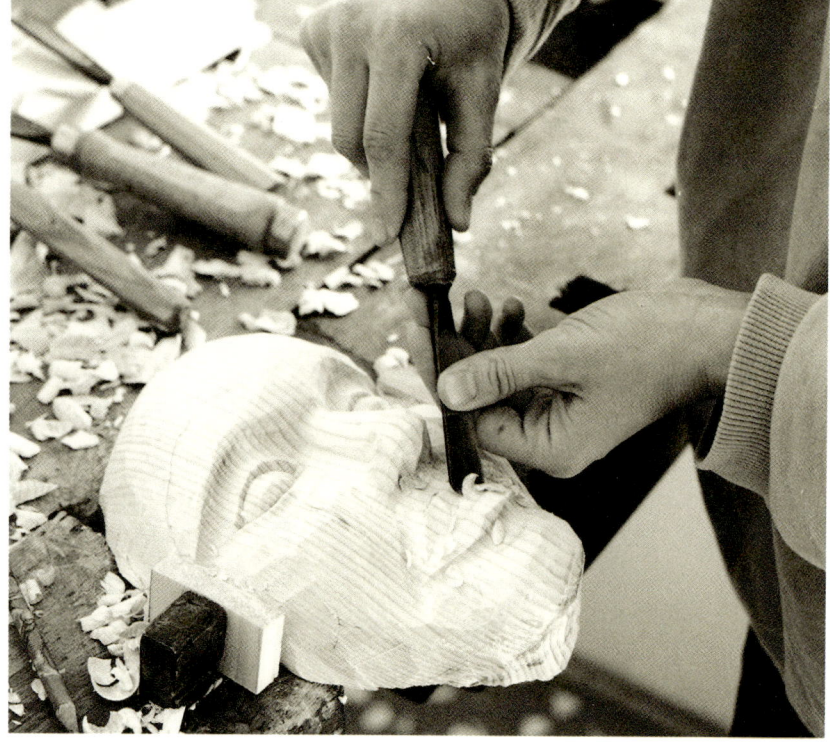

Nun werden wiederum Backen und Kinnpartie nachgearbeitet. Die Stirnpartie muß ebenfalls weiter nach unten gedrückt werden. All diese Maßnahmen hängen wesentlich von Ihrem eigenen Entwurf ab.

9 Nun beginnt die Endphase und das Feinschneiden des Werkstückes. Dazu sollten die Eisen ganz scharf geschliffen und möglichst ohne Scharten sein. Man überarbeitet das Gesicht noch einmal und nimmt – je nach Notwendigkeit – einzelne Änderungen vor. Alle Gesichtsformen sollten in fließenden Übergängen miteinander in Verbindung stehen. Bei der Fertigstellung kann das Holz trotzdem Schnittspuren aufweisen. Dies deutet auf die Handarbeit hin.

Relief »Lustige Bäuerin«

Material und Werkzeug:
Holzart: Linde
Maße: Länge 32 cm, Breite 22 cm,
Dicke 2,5 cm
Eisen:
Größeres Flacheisen (3) 30 mm
Kleiner Hohlbohrer (9) 5 mm
Kleiner Hohlbohrer (11) 6 mm
Flacheisen (4) 20 mm
Flacheisen (3) 10 mm
Balleisen (1) 16 mm

Nachdem Sie sich Gedanken darüber gemacht haben, was Sie in reliefartiger Form darstellen möchten, sollten Sie Ihre Ideen hierzu erst einmal zu Papier bringen. Ein paar Anregungen möchte ich Ihnen an dieser Stelle geben: Blatt- und Blumenreliefs, Bäume, Tiere (z.B. Enten, Fische), kleine Figuren, ein Schneemann in einer Winterlandschaft etc. Wählen Sie von Ihren Entwürfen den ansprechendsten aus.

1 Für unsere Übung habe ich mich für das Motiv »Lustige Bäuerin« entschieden. Der fertige Entwurf wird mit Kohlepapier auf das Holzbrett übertragen. Am wichtigsten sind dabei zunächst die Umrisse, die das Relief im groben festlegen. Auch ein kleiner Rand von zirka einem Zentimeter Breite wird aufgezeichnet.

Mit dem Eisen (3) 30 mm beginnen wir nun vom Rand her flach in das Holz zu schlagen.

51

Anschließend wird die Kontur der Figur mit dem Werkzeug (4) 20 mm abgestochen. Man setzt dabei immer außerhalb des Bleistiftstriches an, um noch genug Holz für die spätere Ausarbeitung übrig zu haben.

2 Nun wird überlegt, welche Teile und Flächen der Bäuerin höher stehenbleiben und welche tiefer liegen sollen. Beginnen Sie nun also damit, die Hand auf dem Rock abzugrenzen und den Rock tiefer zu legen. Benutzen Sie dazu das Eisen (3) 10 mm. Die Beine liegen wiederum tiefer als der Rock, der Hals tiefer als das Gesicht und die Jacke. So legen Sie Schritt für Schritt die Höhen der einzelnen Flächen fest und beginnen gleichzeitig damit, die Formen zu runden. Dies bedeutet, von der Fläche ins Plastische zu kommen. Beim Rock ist beispielsweise die Mitte der höchste Punkt, der dann nach links und rechts leicht schräg abfällt.

3 Mit einem kleinen Hohlbohrer (11) 6 mm wird nun zwischen Figur und Reliefgrund das überschüssige Holz weggeschnitten. Wichtig ist dabei aufzupassen, daß man nicht zu tief kommt, denn das Relief hat ja nur eine Stärke von 2,5 cm. Sollte Ihnen die Orientierung verloren gehen, da die Bleistiftlinien durch die Arbeit nicht mehr zu sehen sind, so verwenden Sie bitte immer wieder die Skizze und übertragen wichtige Punkte auf das Holz.

TIP:
Auch bei dieser Arbeit ist es manchmal hilfreich, seinen eigenen Körper zu betrachten. Dadurch wird klarer, wie die einzelnen Flächen zueinander stehen: z. B. Rock und Beine, Beine in den Stiefeln etc.

Wurden nun alle Höhenunterschiede zueinander festgelegt, kann mit der feineren Ausarbeitung des Reliefs begonnen werden. Kanten und Linien werden entweder mit dem Hohlbohrer exakter festgelegt oder mit dem Balleisen (1) 16 mm abgestochen. Danach werden die einzelnen Teile straff überarbeitet und geformt, so daß sich in der Fläche eine Spannung ergibt. Wie bei dem »Gesicht« ist darauf zu achten, daß es ein Zusammenspiel der einzelnen Elemente gibt, daß fließende Übergänge geschaffen werden und daß am Ende ein harmonisches Ganzes entsteht.

4 Zum Schluß werden Kopf und Gesicht angelegt. Zuerst legen Sie - falls dies noch nicht geschehen ist - die äußere Kontur von Kopftuch, Haaren und Hals fest. Benutzen Sie dazu das Eisen (3) 10 mm. Auch der Hals wird mit diesem Werkzeug abgesetzt. Danach formen Sie das Kopftuch und die Haare.

5 Mit einem kleinen Hohlbohrer (9) 5 mm legen Sie nun das Gesicht an. Dabei erinnern wir uns an die Vorgehensweise bei dem großen »Gesicht«. Allerdings wird das kleine Gesicht der Bäuerin stark vereinfacht und stilisiert: Die Augenbrauen und die Nase bleiben erhöht; die Nase fällt leicht zur Stirn ab. Augen und Mund werden mit einfachen Schnitten gearbeitet.

6 Am Ende müssen auch hier die einzelnen Flächen des Gesichtes verbunden werden. Außerdem müssen die gesamten Flächen der Figur und die Ränder überarbeitet, das heißt mit Balleisen (1) 16 mm und Flacheisen (3) 10 mm ganz sauber geschnitten werden. Der Grund des Reliefs wird gleichmäßig zur Figur hin geschlagen. Je nach Geschmack wird er grob gelassen oder fein geschnitten.
Es sieht sehr hübsch aus, wenn die Bäuerin auf einem kleinen Holzabschnitt innerhalb des Reliefs steht. Beim äußeren Rand werden die Kanten ebenfalls gebrochen und sauber nachgeschnitten.

Vollplastischer Kopf

Material und Werkzeug:
Holzart: Linde
Maße: Länge 28 cm, Breite 13 cm, Tiefe 14 cm
Eisen: Flacheisen (3) 30 mm
Großer Hohlbohrer (9) 20 mm
Mittlerer Hohlbohrer (10) 16 mm
Kleiner Hohlbohrer (9) 5 mm
Mittleres Flacheisen (4) 20 mm
Mittleres Flacheisen (3) 10 mm
Kleiner Hohlbohrer (11) 6 mm
Balleisen (1) 16 mm
Geißfuß (9) 8 mm

Bei unserer sechsten Übung kommen wir nun zur dreidimensionalen Vollplastik. Dies stellt eine Steigerung der Anforderungen dar, die jedoch gut bewerkstelligt werden kann, wenn vorher das »Gesicht« von S. 42 ff. geschnitzt wurde.

Für den Kopf benötigen wir ein Holz, das in Breite und Tiefe fast quadratisch ist. In der Länge wurde auch der Hals noch miteinbezogen. Unser Demonstrationsstück wurde vom Schreiner verleimt. Er hat mir außerdem mit der Kreissäge eine Standfläche gesägt. Eine gerade Standfläche sollte immer vor Beginn der Arbeit hergestellt werden, damit ein sicheres Arbeiten gewährleistet ist. Im übrigen steht der fertige Kopf so später besser.

1 In die Mitte dieser Standfläche bohre ich nun mit der Bohrmaschine und einem Neuner-Holzbohrer ein Drittel bis ein Viertel der Figurenschraubenlänge tief ins Holz. Die Figurenschraube (Nr. 10) wird dann hineingeschraubt, bis sie fest sitzt. Danach das Holz an der Hobelbank oder auf dem Schnitzbock befestigen. Mit der Beilagscheibe aus Metall und einem Stück Holz dazwischen wird das Werkstück mit einer Mutter von unten her festgeschraubt. Haben Sie keine Figurenschraube, so befestigen Sie Ihr Holz nach einer der Methoden, die auf S. 21 ff. angegeben sind.

2 Nun beginnen wir damit, die grobe Form zu erarbeiten. Mit dem Flacheisen (3) 30 mm schlagen wir das Holz an den oberen und seitlichen Ecken ab, bis eine ovale Kopfform entsteht. Im Halsbereich wird die Masse ebenfalls reduziert, um den Kopf vom Hals optisch abzusetzen.

Um die Rückseite zu bearbeiten, wird das Werkstück umgedreht. Ist die grobe Formgebung beendet, so legen wir das Gesicht an. Dabei hilft uns jetzt die Erfahrung, die wir mit dem »Gesicht« gemacht haben (siehe S. 42 ff.).

3 Die Nase ist der höchste Punkt im Gesicht. Von diesem aus schlägt man schräg nach hinten zur Stirn (mit Eisen (3) 30 mm). Mit einem Hohlbohrer (10) 16 mm legen wir Augen, Mund und Nase an.

Um das Gesicht besser arbeiten zu können, die Hobelbank ist etwas zu tief, spannen wir den Kopf zwischen die Backen der Hobelbank und legen ihn schräg. So kommen wir besser an ihn heran. Wer mit einer Figurenschraube am Schnitzbock arbeitet, hat automatisch die richtige Arbeitshöhe. Zum Einspannen habe ich den Kopf mit der Figurenschraube auf ein Stück Holz geschraubt und dieses zwischen die Backen der Bank geklemmt. So kann ich den Kopf schneller schräglegen, seitlich und von hinten bearbeiten, ohne jedesmal die gesamte Figurenschraube von unten her aufdrehen zu müssen.

TIP:
Auf einem Schraubstock läßt sich nach dieser Methode das Werkstück zuhause ebenfalls gut einspannen.

4 Haben Sie Nase, Mund und Augenbrauen grob festgelegt, drücken Sie nun die Stirn weiter zurück und geben der Kinnpartie und damit dem Kopf die richtige Form. Sobald man da und dort etwas wegnimmt, verändert sich im Wechselspiel das Gesamtbild des Kopfes ständig.

Jetzt sind wieder Auge, Nase und Mund an der Reihe. Sie werden genauer festgelegt. Mit dem Flacheisen (4) 20 mm wird die Augenhöhle und die Seitenpartie der Nase geformt. Von der Oberlippe geht es schräg nach hinten zu den Nasenlöchern. Der Mund fällt zu den Seiten hin flach ab. Mit dem Hohlbohrer (10) 16 mm werden die Augen verfeinert. Soll der Kopf Haare und Ohren haben, so zeichnet man dies an und läßt eine Erhöhung für die Haare stehen. Das Ohr ist höher als der hintere Kopf, also sticht man die Form des Ohres mit dem Hohlbohrer (10) 16 mm ab.

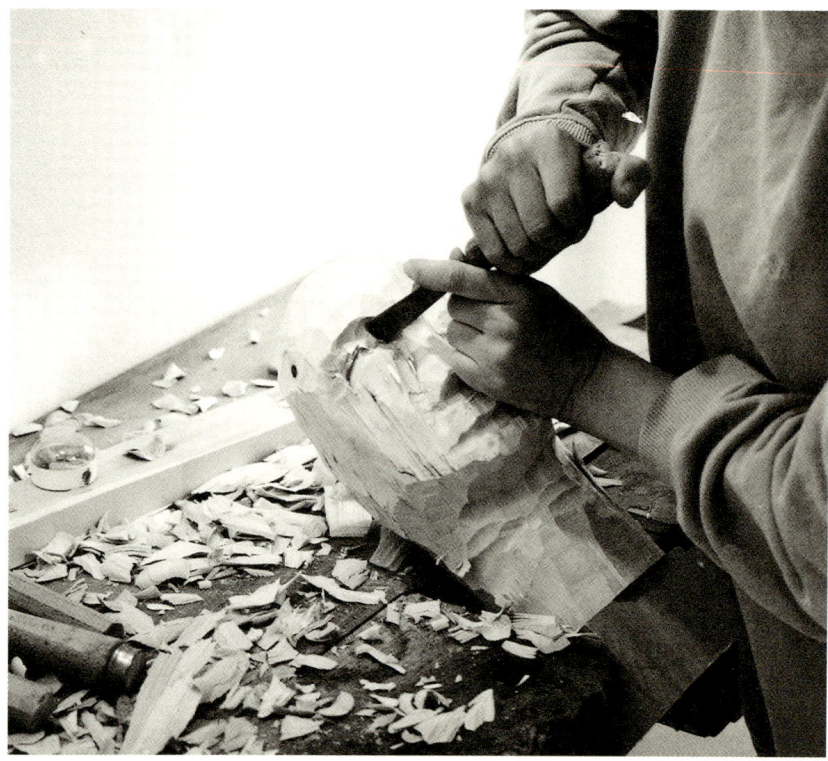

5 Der Hinterkopf wird ebenfalls geformt und unter das Ohr gezogen. Es kommt zu einem Wechselspiel der Formen. Auch die Haare im Nacken werden mit einem Hohlbohrer begrenzt.
Jetzt beginnen wir wieder damit, das Gesicht vorne glatter auszuarbeiten und die einzelnen Formen mit Balleisen (1) 16 mm miteinander zu verbinden. Zum Beispiel geht die Wangenpartie harmonisch in die Kinnpartie über. Ob Sie dabei nach Ihrer Skizze vorgehen oder Ihrer Phantasie lieber freien Lauf lassen, bleibt Ihnen überlassen.

6 Bei meinem Demonstrations-stück sind die Augen geschlossen. Um diesen Ausdruck zu erzielen, ziehe ich mit einem kleinen Hohlbohrer (9) 5 mm eine Linie im unteren Drittel des Augendeckels. Dann wird sauber geschnitten. Die Nase wird in der Mitte geschmälert und die Nasenlöcher mit einem Hohlbohrer (10) 16 mm eingeschnitten. Die Nasenflügel werden mit dem ganz kleinen Hohlbohrer (9) 5 mm eingekerbt. Auf diese Weise wird der Nasenrücken mit den Nasenflügeln verbunden, das heißt die Form wird zusammengezogen.

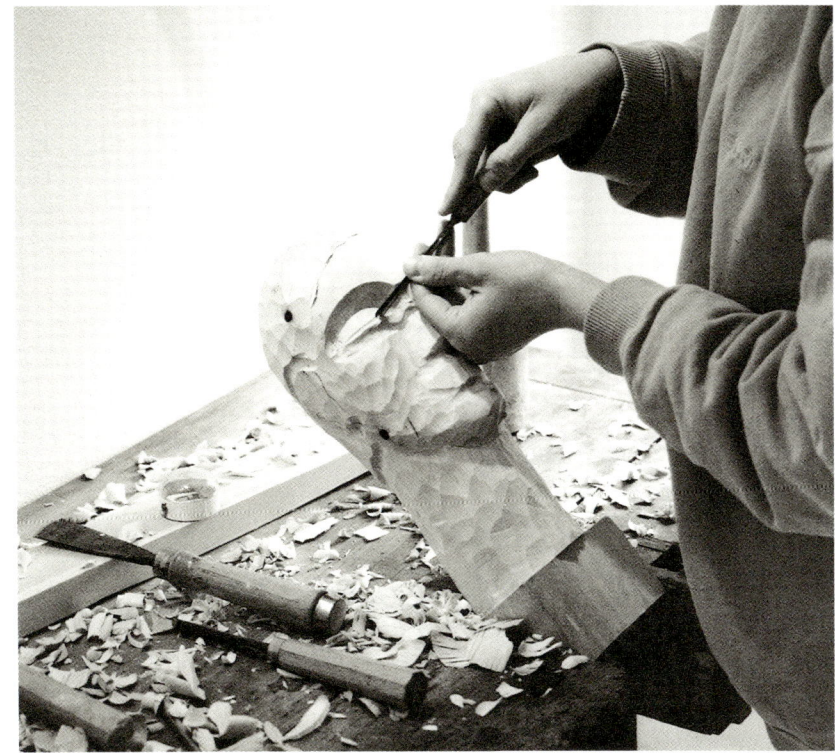

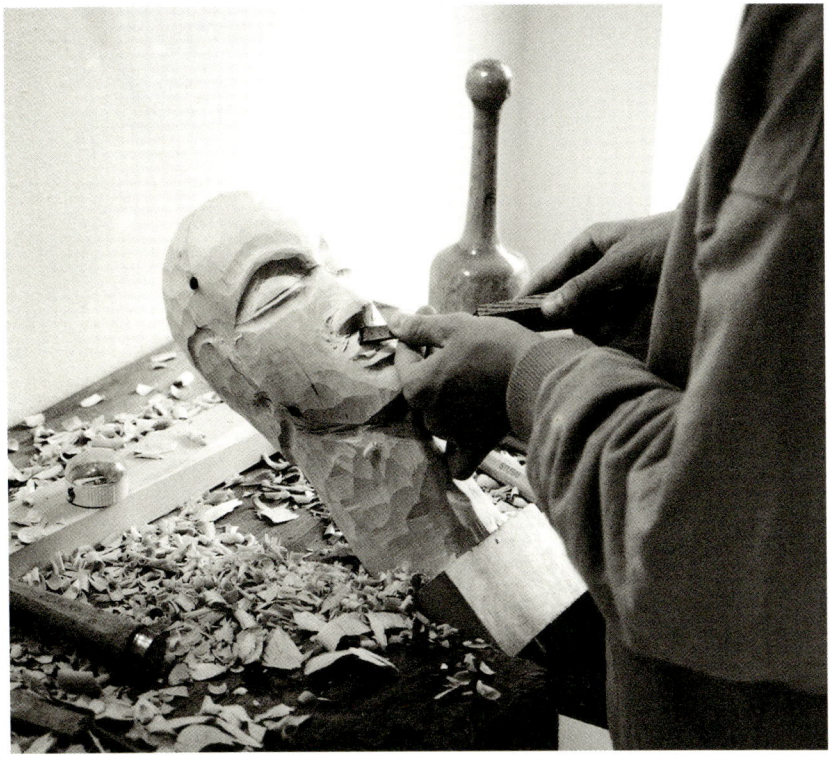

7 Die Oberlippe wird schräg zur Mundmitte geformt, die Unterlippe ebenfalls zur Mundmitte hin gewölbt. Nach und nach wird dann alles fein geschnitten und geformt.

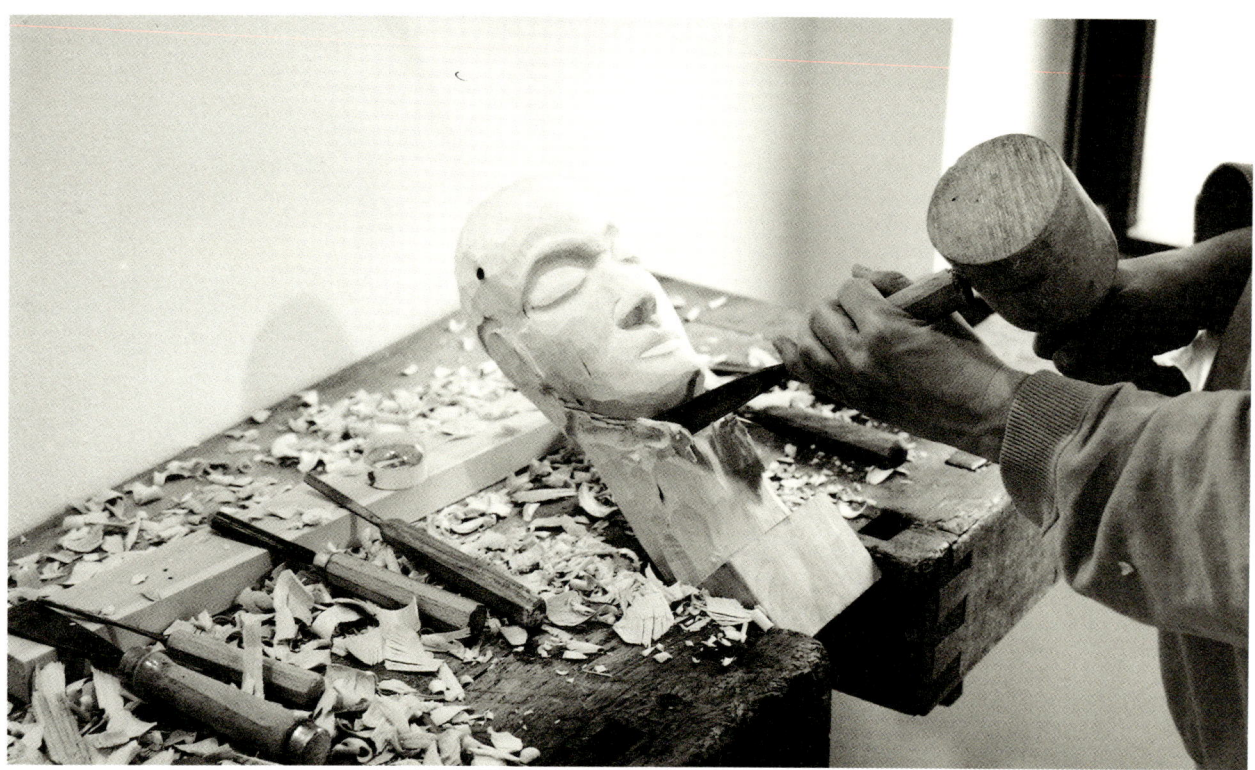

8 Der Hals sollte immer wieder geschmälert und feiner geschnitten werden. Dazu fährt man mit einem großen Hohlbohrer (9) 20 mm am Halsansatz entlang; so wird ein runder Übergang zwischen Kopf und Hals erreicht.

Das Ohr wird - wie der ganze Kopf - stark stilisiert. Es wird nun fertig gearbeitet. Wir beginnen nochmals damit, die Lage der Ohrmuschel mit einem Hohlbohrer (10) 16 mm genau festzulegen. Dann formen wir das Ohr leicht schräg zum Kopf hin. Mit einem kleinen Hohlbohrer (11) 6 mm wird hinter dem Ohr eine leichte Hinterschneidung angelegt, um den massiven Block des Ohres aufzulösen und abzuheben. Mit einem Flacheisen (4) 20 mm und (3) 10 mm wird vom Ohrrand zum Ohrläppchen hin eine leichte Vertiefung in das Holz gearbeitet, die sich am Ohrläppchen dann verstärkt.

9 Der Übergang vom Ohr zur Wange wird leicht konkav geschnitten. Der Haaransatz zieht sich sauber bis hinter das Ohr. Auch der hintere Übergang vom Haar zum Hals sollte nun nochmals in seiner Form korrigiert werden. Zum Schluß kerben wir die stilisierten Haare mit einem Geißfuß (9) 8 mm ein. Der Geißfuß ist ein Eisen, das V-förmig zusammenläuft und zum Rillen- und Kerbeneinschnitt benötigt wird.

Sollte der Hals doch zu lang geworden sein, sägt man ihn gerade ab, um eine glatte Standfläche des Kopfes zu erhalten.

Kleines Tierchen - einfaches Schaf

Material und Werkzeug:
Holzart: Weymouthskiefer
Maße: Länge 17 cm, Breite 7,5 cm, Höhe 14, 5 cm
Eisen: Großes Flacheisen (3) 30 mm
Mittlerer Hohlbohrer (10) 16 mm
Mittleres Flacheisen (4) 20 mm
Kleines Flacheisen (3) 5 mm
Kleines Flacheisen (3) 10 mm
Schnitzmesser
Hohlbohrer (9) 5 mm
Hohlbohrer (11) 6 mm

Beginnen Sie wieder damit, einige Entwürfe von einem Schaf zu Papier zu bringen. Den besten Entwurf übertragen Sie dann in groben Umrissen auf das Holz. Das Tier kann mit oder ohne Sockel geschnitzt werden. In unserem Beispiel wird vorerst der Standfestigkeit wegen ein Sockel mit eingeplant. Zum Schluß kann er immer noch weggeschnitten werden.

1 Wieder wird die Zehner-Figurenschraube in das Werkstück eingedreht. Die Schraube geht auch durch einen Holzklotz, mit dem dann anschließend unser Holz auf der Hobelbank befestigt wird.
Mit dem Flacheisen (3) 30 mm beginnen wir damit, die groben Konturen des Schafes festzulegen. Zur Arbeitserleichterung kann die Form des Tieres auch vorher mit der Stichsäge ausgesägt werden. Da der Holzblock relativ breit ist, nehmen wir auch links und rechts viel von der Masse des Holzes weg.

Die gesägten Schnittkanten werden mit dem Hohlbohrer (10) 16 mm nachgeschlagen. Ebenfalls mit diesem Werkzeug setzen wir den provisorischen Sockel von den Beinen ab, um eine Absplitterung des Holzes beim Querschlagen zu verhindern.

Auch von der anderen Seite wird die Masse reduziert und das Schaf geformt.

2 Nach Festlegung der groben Form deuten wir mit dem Flacheisen (4) 20 mm nach innen die Bauchrundung an. Hier soll ja ein Durchbruch entstehen, der die Vorder- von den Hinterbeinen trennt. Da die Weymouthskiefer ein sehr faseriges, splittriges Holz ist, muß sehr vorsichtig gearbeitet werden, um größere Risse und Absplitterungen zu vermeiden.

3 Immer wieder wird mit dem Hohlbohrer (10) 16 mm zwischen Sockel und Schaf gearbeitet. Mit dem Flacheisen (4) 20 mm wird die Schnauze am Kopf gerade hochgezogen. Für die Hängeohren links und rechts muß noch genügend Holz stehenbleiben. Wurde dies versäumt, können nachträglich mit dem Schnitzmesser kleine Ohren geschnitzt und als abstehende Ohren mit Leim oben in den Kopf eingesetzt werden.

4 Der Kopf wird nun in die richtige Form gebracht. Mit dem Hohlbohrer (4) 16 mm wird der Übergang zum vorderen Hals noch weiter nach hinten gedrückt. Die Schnauze wird schmäler gemacht und abgerundet. Die Ohren zeichnen Sie mit dem Bleistift an und umrunden sie mit dem Hohlbohrer. Der Fellansatz sollte deutlich von der Schnauze, die nochmals geschmälert wird, abgehoben werden. Mit einem kleinen Flacheisen (3) 10 mm wird der Fellansatz an der Stirn und die Ohren sauber abgestochen. Das Holz drumherum schneidet man sauber zurück, so daß zwischen Kopf, Hals und Körper eine Verbindung entsteht.

Ist der Kopf in seiner Ausarbeitung korrekt, so ziehen wir mit den anderen Formen nach. Zuerst wird die Höhe des Rückens nach unten gedrückt. Danach modellieren wir die Rundung des Bauches und des übrigen Fells. Das Fell soll zottelig sein und wie ein Rock den Körper des

Schafes umhüllen. Mit dem Bleistift wird der Saum des Fellkleides erst markiert, mit dem Hohlbohrer (10) 16 mm wird es dann abgesetzt.

5 Das Hinterteil wird schön gerundet; der Schwanz wird aufgezeichnet und herausgeformt. Die Vorder- und Hinterbeine stehen geschlossen nebeneinander. Sie werden angezeichnet, so daß dazwischen vorsichtig an dem Durchbruch gearbeitet werden kann. Langsam schnitzen wir das Holz weg. Dabei gehen wir von beiden Seiten her vor. Es muß allerdings genug Masse für die beiden Beinpaare stehenbleiben, damit diese später noch in ihrer Stellung korrigiert werden können. Vorsicht wegen der Figurenschraube! Eventuell erscheint diese nun im Mittelstück. Nicht mit dem Eisen daraufschlagen! Holz drumherum stehenlassen! Ist der Durchbruch geschafft, schnitzen wir das Gesicht fertig.

6 Mit einem kleinen Hohlbohrer (9) 5 mm bohren wir die Nasen-löcher und legen die Augen an. Die Augen werden mit einem kleinen Flacheisen (3) 5 mm einfach ausge-stochen.

7 Nun widmen wir uns wieder den Füßen. Sie werden in der Masse noch reduziert und in der Mitte durchgebrochen, so daß je-weils zwei einzelne Beine entstehen (Eisen (11) 6 mm). Die Beine werden rundlich geformt, die Klauen lassen wir leicht nach vorne stehen.

8 Jetzt muß die Figurenschraube endgültig entfernt werden. Nun kommt uns der Sockel zu Hilfe. Diesen können wir nun zwischen die Backen der Hobelbank bzw. in den Schraubstock klemmen. Die Beine werden relativ dünn und gerade vom Fell abwärts geschnitzt. In unserer Übung habe ich den Sockel weggesägt und die Füße des Schafes mit einem kleinen Schnitzmesser fertiggestellt. Vorne kerben wir noch eine kleine Rille als stilisiertes Element für die Klauen ein, und das Schaf ist fertig.

Stehendes Figürchen

Material und Werkzeug:	Geißfuß (9) 8 mm
Holzart: Linde	Flacheisen (4) 20 mm
Maße: Höhe 31, 5 cm,	Hohlbohrer (8) 8 mm
Breite ca. 12,5 cm, Tiefe 9,5 cm	Flacheisen (3) 10 mm
Eisen: Großes Flacheisen (3) 30 mm	Hohlbohrer (11) 6 mm
Hohlbohrer (10) 16 mm	Hohlbohrer (9) 5 mm
Hohlbohrer (9) 20 mm	Flacheisen (2) 3 mm

1 Das Holzstück für diese Übung besaß an einer Seite noch Rinde. Nachdem das Werkstück mit der Figurenschraube befestigt wurde, sollte diese Rinde als erstes mit dem Flacheisen (3) 30 mm abgeschlagen werden.

2 Vor Beginn der Arbeit werden Skizzen angefertigt. Die Entwürfe werden später die Arbeit erleichtern. Überlegen Sie sich, was die Figur darstellen soll: Mann, Frau oder Kind.

Ein Hinweis zu den Proportionen:
Die Größe des Kopfes sollte beim Erwachsenen ungefähr achtmal in den Körper hineinpassen. Bei Kindern ca. vier- bis fünfmal.

3 Die Figur, die ich als Demonstrationsstück erarbeite, steht ganz ruhig da. Die Arme liegen am Körper, die Beine sind geschlossen. Eine statische Haltung der Figur ist für den Anfänger eine große Erleichterung, besonders dann, wenn es darum geht, dreidimensional, also vollplastisch zu arbeiten.

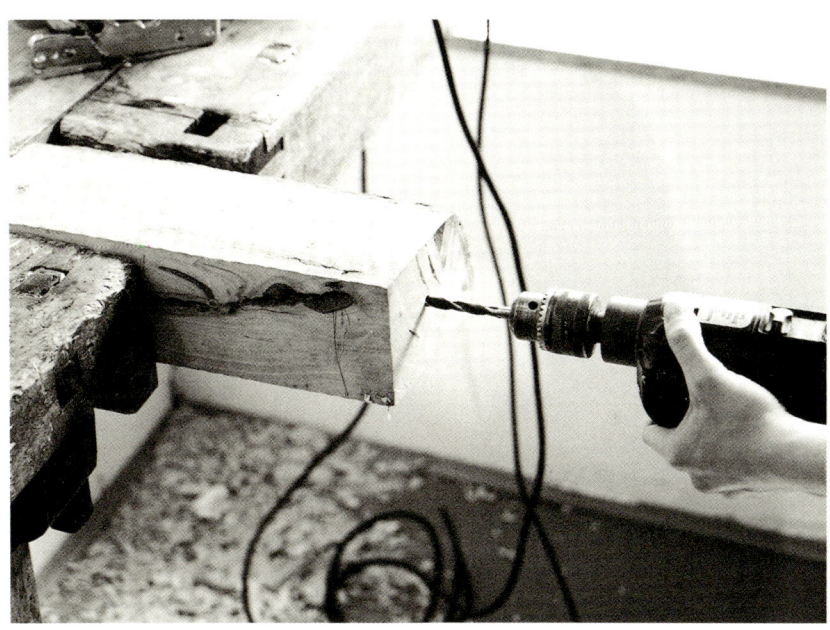

4 Wir übertragen jetzt kurz die Umrisse der Figur auf das Holz und beginnen dann damit, mit unserem großen Flacheisen (3) 30 mm die Kanten wegzuschlagen. Der Kopf soll als Masse herausgearbeitet werden. Als Orientierungshilfe möge Ihnen die Angabe dienen, daß die Mitte der Figur bei 15,2 cm liegt und sich der Bauchnabel etwas darüber befindet. Dies unbedingt auf dem Skizzenblatt festhalten! Darunter liegt dann das Schambein; an dieser Stelle gehen die Beine in den Rumpf über.

5 Zu den Beinen hin wird die Figur schmäler und runder geformt. Der Kopf wird nach hinten in die Mitte des Holzklotzes gedrückt. Die Brust wölbt sich und fällt seitlich ab. Sie liegt tiefer, weiter hinten als der Kopf. Bitte lassen Sie unbedingt Platz für die Arme, die seitlich am Körper anliegen sollen. Mit dem Hohlbohrer (10) 16 mm werden die Füße abgesetzt, denn sie befinden sich weiter vorne als der Körper. Die Linie der Beinteilung wird als Orientierungshilfe auch gleich mit dem Hohlbohrer (10) 16 mm angedeutet.

6 Sind die Massen vorne im groben geordnet, drehen wir den Holzblock um, damit die Rückseite bearbeitet werden kann. Die Rückseite muß nun in Einklang und Verbindung mit den auf der Vorderseite angelegten Formen gebracht werden. Dazu wird der Kopf mit Hohlbohrer (9) 20 mm verkleinert und zurückgedrückt. Der Rücken wölbt sich rund und geht in ein leichtes Hohlkreuz über; daran schließt sich das Gesäß an.
Die Hände lassen wir in den Hosentaschen stecken. Die Arme sind am Ellenbogen leicht geknickt.

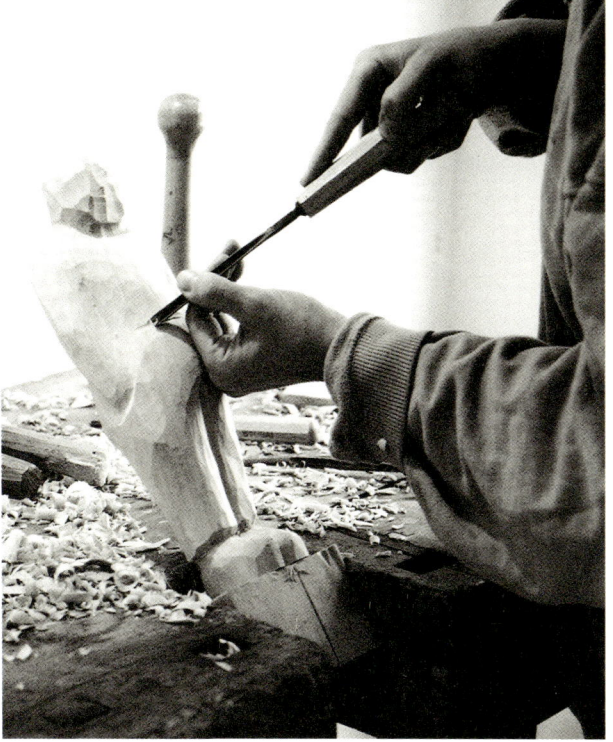

7 Nun beginnen wir vorne mit der feineren Ausarbeitung. Die Hose und die Füße werden angelegt. Der Kopf und der Bauch erhalten die endgültige Form und Größe.

Dabei sollten die einzelnen Formen gestrafft werden und miteinander in Einklang stehen. Die Abgrenzungen zwischen Hosenbeinen und Hose, Jacke und Halsausschnitt werden mit dem Geißfuß (9) 8 mm geschnitten.

Bevor der Kopf angelegt wird, drehen wir die Figur noch einmal um und runden den Rücken mit dem großen Flacheisen (3) 30 mm. Auch die Hosenbeine werden geteilt und gerundet. Mit einem Hohlbohrer (10) 16 mm werden die Arme und der Po angedeutet und anschließend mit dem Flacheisen (4) 20 mm ausgearbeitet. Dabei lassen wir keine scharfen Kanten entstehen, sondern achten darauf, daß die Formen fließend ineinander übergehen.

8 Als nächstes legen wir das Gesicht an. Die Nase ist der höchste Punkt. Das Gesicht wird zunächst leicht nach unten abgeschrägt. Mit dem Hohlbohrer (8) 8 mm setzen wir zunächst Augen und Nase ab. Die Nase schneiden wir zur Stirn hin flach hinunter. Dabei wird wie bei dem großen, vollplastischen Kopf vorgegangen. Den Mund legen wir jetzt ebenfalls an. Danach werden die Formen miteinander verbunden, indem das überstehende Holz mit Eisen (3) 10 mm weggeschnitten wird.

9 Nun arbeiten wir den Hals mit Hohlbohrern (8) 8 mm und (11) 6 mm noch weiter in die Tiefe, damit ein Kinn entsteht. Der Kopf wird mit Flacheisen (4) 20 mm seitlich geschmälert. Mit einem kleinen Hohlbohrer (9) 5 mm stechen wir die Nasenlöcher ein und deuten die Nasenflügel leicht an. Mit diesem Werkzeug werden auch die Augen in der Mitte eingekerbt. Später werden sie dann mit einem kleinen Flacheisen (2) 3 mm ausgeformt. Auch der Mund wird in der Mitte mit dem Hohleisen geteilt.

10 Nun zeichnen wir die Haare an und schneiden diese mit dem Geißfuß als Frisur rund um den Kopf. Vorher sollte noch der Halsausschnitt korrigiert werden. Das Hemd zieht sich von der Brust her flach zum Hals hin. Ist der Übergang geschaffen, legen wir den Kragen fest. Dies geschieht ebenfalls mit dem Geißfuß. Auch das Hemd wird in der Mitte geteilt.

11 Anschließend werden die Hosenträger aufgezeichnet. Mit dem Geißfuß werden diese dann vorsichtig entlang der Linie geschnitten. Das Holz für das Hemd wird so geschnitten, daß es unter den Hosenträgern verläuft. Zum Schluß korrigieren wir noch die Schuhe. Sie sollten flacher nach unten geschnitten werden und an den Seiten rund erscheinen.

NACHBEHANDLUNG

Nachbehandlung des Holzes

Nun sind wir beim letzten Kapitel dieses Buches angelangt. Sie haben vielleicht schon das eine oder andere Werkstück fertiggestellt und wollen Ihrer »Schnitzerei« noch den letzten Schliff geben. Sie haben nun mehrere Möglichkeiten, die Oberfläche nachträglich zu behandeln.

Werkstücke sollten nicht behandelt werden, wenn sie zur Aufbewahrung von Lebensmitteln dienen oder mit Lebensmitteln in Berührung kommen wie z.B. die Schale und das Fischbrett.

Grundsätzlich können Bildhauerarbeiten aber auch im ursprünglichen Zustand belassen werden. Das Holz dunkelt im Laufe der Jahre nach. Traditionelle, natürliche Mittel dienen jedoch dazu, das Holz zu schützen und es härter und widerstandsfähiger zu machen. Ich gehe bei dieser Art der Oberflächenbehandlung davon aus, daß die einzelnen Figuren oder Werkstücke im Innenbereich bleiben. Folgende Arten der Oberflächenbehandlung bieten sich an:

Leinölfirnis
Es gibt dem Holz einen gelblichen Ton, härtet und schützt es gleichzeitig. Die Struktur der Holzmaserung wird deutlich sichtbar.

Wichtig: Verwenden Sie kein reines Leinöl! Reines Leinöl erzeugt eine klebrige Oberfläche und trocknet sehr langsam. Leinölfirnis (verdünnt) ist dagegen schon gebrauchsfertig.

Tränken Sie einen Lappen oder Pinsel mit Leinölfirnis und streichen Sie das gesamte Werkstück inklusive Standfläche damit ein. Nach ca. 30 Minuten wird das überschüsige Öl abgewischt. Die Trockenzeit beträgt ca. 24 bis 48 Stunden.

Wichtig: Lappen luftdicht in Metallbehälter aufbewahren, sonst Selbstentzündungsgefahr!

Wichtig: Vor jeder Art der Oberflächenbehandlung sollte auf einem Holzbrettchen der gleichen Holzart eine Probe gemacht werden. So können Sie Art und Wirkung des Auftrages vorher testen.

Bienenwachs
Es gibt fertige flüssige oder feste Produkte zu kaufen, mit denen das Holz eingelassen werden kann. Auch Wachs schützt die Oberfläche und verleiht ihr einen seidigen Glanz.

Das Werkstück wird von allen Seiten mit Bienenwachs eingestrichen. Nach zirka 20 Minuten Trockenzeit kann es mit einem sauberen Tuch poliert werden.

Schellack
Soll die Oberfläche glänzend und wie lackiert aussehen, so ist Schellack das richtige Mittel. Es ist ein aus natürlichen Rohstoffen gewonnener Lack, der als dünner Überzug Ihr Werkstück verschönt. Die Farbe des Holzes wird kaum verändert, die Tönung ist klar bis leicht honigfarben.

Der Lack wird mit einem Pinsel aufgestrichen. Ein zweiter Anstrich erfolgt nach zirka 24 Stunden. Die

Trockenzeit beträgt ungefähr 24 bis 48 Stunden.

Wichtig: Alle bisher erwähnten Produkte sind nicht wasserfest! Nur die Öle gelten als wasserabweisend.

Kalken

Es handelt sich um eine Kalkpaste, die Sie in besseren Farbengeschäften erwerben können. Vor allem bei der Eiche erzielen Sie mit der Kalkpaste einen besonderen, eigenwilligen Effekt.

Das Holz wird mit Kalkpaste eingerieben und danach gebürstet. Die weiße Paste bleibt in den tieferen Holzporen hängen.

Wichtig: Probieren Sie die Kalkpaste unbedingt vorher auf einem Probebrettchen (Eiche) aus!

Beizen

Eine weitere Art der Oberflächenbehandlung stellt das Beizen dar. Durch Beizen kann man den natürlichen Holzton verändern, zum Beispiel kann man einer Fichte den Anschein der Eiche verleihen, zumindest was die Farbe anbelangt. Ich persönlich schätze und verwende diese Methode nicht. Hat man eine Figur in dunklem Ton geplant, so sollte man meiner Meinung nach von Anfang an das passende Holz verwenden. Auch die hellen Hölzer dunkeln im Lauf der Zeit nach und erscheinen oft in wunderschönen, goldbraunen Farben. Warum sollte man der Natur vorgreifen?

Vom Schleifen des Holzes mit Schleifpapier rate ich ab. Die Figur sollte immer durch das Schnitzeisen die letzte Struktur erhalten. Beim Glätten mit Papier werden die Formen sehr oft völlig »vernudelt«, das heißt die Konturen verschwimmen und dadurch leidet die Qualität der Arbeit. Außerdem werden durch verbleibende Schleifkörner im Holz die Eisen stumpf.

Eine weitere Möglichkeit der Oberflächenbehandlung ist das Aufrauhen des Holzes durch Raspeln. Dies diente früher und auch heute noch dem Zweck, den Untergrund für eine Vergoldung oder Bemalung des Holzes vorzubereiten. Soll das Raspeln nur zu Verschönerungszwecken dienen, so rate ich ebenfalls davon ab.

Bemalung

Die traditionelle Art der Bemalung der Holzfiguren nennt man »Fassen«. Sie ist sehr aufwendig und fordert viel Erfahrung und Übung. Drei der Übungsbeispiele in diesem Buch habe ich anschließend auf einfache Art und Weise bunt bemalt.

Dabei gehen Sie folgendermaßen vor: Das Holz saugt stark die wässrige Farbe, und damit diese nicht verfließt, grundieren Sie das Werkstück mit einer »Vorleimung« mit Dispersionsbinder. Diesen erhalten Sie in jedem Malergeschäft. Die Mischung ist 1:1 mit Wasser verdünnt. Die Vorleimung sollten Sie zwei- bis dreimal wiederholen. Anschließend beginnen Sie mit dem Farbauftrag. In den Übungsbeispielen habe ich die Farbe stark mit Wasser verdünnt, um noch den Holzcharakter zu erhalten.

Folgende Farben können Sie verwenden: Acrylfarbe (Übungsbeispiel), Plakafarbe, Waco-Fin Holzfarbe. Je nach Geschmack können Sie die bemalten Holzarbeiten noch mit Klarlack überziehen.

Fachbegriffe

Abziehen: Schärfen der Eisen

Abziehleder: Vorrichtung mit Leder, auf der Eisen poliert werden

Abziehpaste: Paste, die zum besseren Polieren der Eisen auf das Leder geschmiert wird

Balleisen: gerades Schnitzeisen

Bankhaken: längliche Metallteile, die durch passende Löcher in der Hobelbank geschoben werden. Sie dienen der Befestigung des Werkstücks

Beilaghölzer: Holzleisten, die zum Schutz des Werkstückes zwischen Zwinge, Bankhaken oder Figurenschraube und Holz gelegt werden

Beilagscheibe: Zum Befestigen eines Holzstücks liegt zwischen Werkstück und Mutter bei der Figurenschraube

Beitel: Schnitzeisen

Beizen: künstliche Verfärbung des Holzes

Bohrer: kleines, rundes Schnitzeisen

Fase: schräg angeschliffene Fläche des Eisens

Fassen: traditionelles Bemalen des Holzes

Figurenschraube: große, schwere Schraube, die ins Werkstück gedreht wird. Sie dient der Befestigung

Flacheisen: flaches bis leicht gebogenes Schnitzeisen

Formstein: kleiner Stein, mit dem die Eisen auf der Innnenseite der Schneide geschärft werden

Geißfuß: V-förmiges Eisen, speziell zum Kerben- und Rillenschneiden

Gekröpftes Eisen: am unteren Ende gebogenes Schnitzeisen

Heft: Griff des Schnitzeisens

Hirnholz: Wird ein Stamm quer auseinandergesägt, nennt man die entstandenen Flächen Hirnholz

Hohleisen: rundes, gebogenes Schnitzeisen

Holzbacken: Teile der Hobelbank

Holzbohlen: Wird ein Stamm der Länge nach mehrmals durchgesägt, so nennt man die entstandenen dicken Bretter Holzbohlen

Kalken: das Holz wird dadurch weißlich gefärbt

Kern: Mittelpunkt des Baumes

Klüpfel: runder, dicker Holzhammer zum Bearbeiten des Holzes

Lackieren: klarer Schutzanstrich des Holzes

Ölstein: Schleifstein, bei dem als Schleifmittel leichtes Maschinenöl verwendet wird

Raspeln: Aufrauhen des Holzes

Rundholz: ganzer Stamm oder Stammabschnitt, dicker Ast

Scharten: kleine Risse in der Schneide des Eisens

Schlegel: runder, dicker Holzhammer zur Bearbeitung des Holzes

Schnitzbock: quadratischer, hoher oder niedriger Tisch aus Hartholz speziell zum Figurenschnitzen

Schraubzwinge: Gegenstand aus Metall, um bestimmte Dinge zu befestigen, festzuschrauben

Splint: die dem Baumrand nähere Seite

Stapelholz: Holzbretter, die mit System aufeinandergestapelt werden

Verwerfung: durch Trocknen bedingte Verformung des Holzes

Bezugsquellen

Die meisten der in diesem Buch verwendeten Werkzeuge und Materialien werden Sie in einem örtlichen Fachgeschäft kaufen können.

Schnitzeisen, Abziehstein, Klüpfel, Schleifmaschinen, Hobelbänke usw. finden Sie am ehesten in Heimwerkermärkten und Eisenwarengeschäften.

Nach Holzölen auf Pflanzenbasis, Leinöl, Naturbeizen, Bienenwachs u. ä., z.B. der Firma Livos, fragen Sie am besten in Bio-Bauläden nach.

Ansonsten sind alle Farben und Lacke in Farben- und Hobbyläden erhältlich.